我心灿烂

周秋妹 著

文化发展出版社
Cultural Development Press
·北京·

图书在版编目（CIP）数据

我心灿烂 / 周秋妹著 . — 北京 ：文化发展出版社，2024. 8. — ISBN 978-7-5142-4407-6

Ⅰ . G78

中国国家版本馆 CIP 数据核字第 20248V5V10 号

我心灿烂

著　　者　周秋妹

出 版 人：宋　娜
责任编辑：袁兆英　　　　责任校对：侯　娜
责任印制：邓辉明　　　　封面设计：大咖书房
出版发行：文化发展出版社（北京市翠微路 2 号　邮编：100036）
网　　址：www.wenhuafazhan.com
经　　销：全国新华书店
印　　刷：河北盛世彩捷印刷有限公司

开　　本：880mm × 1230mm　1/32
印　　张：6.75
字　　数：130 千字
版　　次：2024 年 8 月第 1 版
印　　次：2024 年 8 月第 1 次印刷

定　　价：79.00 元
I S B N：978-7-5142-4407-6

推荐序一

FOREWORD

认识秋妹很多年了，她是一名非常认真学习的学生，更是一名喜欢传播智慧的创业者。这本书凝聚了她多年的思考，相信她的文字也能影响更多的人向上向善。

Ladyboss 创始人　柳婉琴

推荐序二

FOREWORD

秋妹在我心中是一个终身学习者。

她自己爱学习。每次我上课，总能够在人群中看到她的身影。每次下课后，都能看到她来找我请教问题。每次课程结束回家后，总能在第一时间收到她给我发来的复盘文章——跟我分享她在课程上的感悟。她真的是一个非常爱学习的人。

她不仅自己爱学习，还爱带着孩子学习。

我会经常给予她一些登台的机会，但是她每次都会把孩子带上，让孩子登上舞台。在她身上，我看到了一个母亲的伟大付出。而她的孩子，也在她的影响下，成为班级里一个有影响力的孩子。

她不仅爱带着自己的孩子学习，还爱带着别人的孩子学习。

她自己有一个学习圈子，里面很多朋友的孩子都跟她的孩子同样年龄。她把外出学习的内容分享给他们，因此收获了非常多的好人缘和点赞。

也正是因为这一点，让她逐渐走上了教育的道路，并且培养了一个又一个优秀的孩子。

让自己成长，再让孩子成长，最后带领更多孩子成长。我在她身上看到了一个优秀的老师是怎么养成的。

期待未来她能越来越好，影响更多人，为教育做出更多贡献。

青年作家　许晋杭

推荐序三
FOREWORD

《我心灿烂》这本书表达的价值观不仅限于传授知识，还注重打开学生们内心的状态。书中分享了许多小方法，能帮助你更从容地面对生活，成为更好的自己。愿你我都能活出闪亮的人生。

中国传媒大学副教授、中央人民广播电台签约评论员

张鹂

推荐序四

FOREWORD

我在讲课的时候，除了认真讲课外，更倾向于教会学生积极拥抱阳光的生活。

《我心灿烂》这本书想表达的观点跟我的想法不谋而合，书中分享了许多想法和故事，都在引导大家积极乐观看待问题。希望在你遇到困难的时候，这本书能给你启发，帮助你解决问题。

前阿里巴巴大政委、阿里铁军文化奠基人之一

欧德张

前言

PREFACE

大家好，我叫周秋妹，是一名坚守在亲子教育行业的创业者，同时也是两个孩子的妈妈。学生们都叫我“秋果老师”。出生在秋天的我，尤其喜欢秋天的凉风习习。秋天的凉风可以带给我静能生慧的空间，我更喜欢秋天硕果累累的丰盛，所以艺名为“秋果”，希望认识我的、不认识我的，或者看到这本书的书友都能拥有一个丰盛富裕的人生！

当我提笔伏案之时，我犹豫了很久很久，在想怎么写好这本书，写这本书的目的是什么，这本书能给别人带来什么……多少个为什么不断在我脑海里涌现。5年前我就有写书的梦想，当时我觉得写书离我太遥远了，我身为一个平凡普通的家庭主妇，有什么好写的呢？别人凭什么看你的书呢？不自信、自我怀疑和自我否定，把写书的梦想埋没在我的心田里，我不敢想，不敢追逐，不敢向前走。

时隔5年，通过运用智慧，我得到了很多的结果，又再次升起写书这个念头。我想起一句话，真诚是最好的套路。同时我也想起我的老师说过的一句话："只有真诚才是获得智慧的唯一道路。"

只要你写这本书时是真诚、真实的，能够给别人带来启发、帮助、信心和希望，那么这本书就是有价值、有意义的。于是我开始行动起来，从2023年3月开始构思，这本书整整写了一年多的时间，今天终于完成了。虽然不是最完美的，但是我相信这是对你有帮助的一本完整育儿手册。

今天，我把五大育儿方式作为前言送给大家，这五大育儿方式开启了我的幸福智慧人生。

• 第一，育儿先育自己

很多人问我，你是怎么做到从一个在家待了10年的家庭主妇成为一名受人青睐的亲子教育导师，同时还开办了自己热爱的亲子教育机构的呢？说到成为一名老师，其实这辈子我都不敢相信我会成为一名老师，更不要说从事亲子教育这份事业。那到底是什么触动了我，让我成为一名亲子教育老师并从事这份事业的呢？

首先，说到“老师”这两个字，打心里我就非常敬佩和尊重。从小我就有一个梦想，想成为一名钢琴老师，受家庭环境所迫，我并没有完成理想的学业，就选择出来打工。在打工的过程中我经历了很多的风风雨雨……

值得庆幸的是，我从小就遗传了父母经商的头脑，在打工的过程中我摸索着找到了一条创业之路，从事了10年皮具批发实体行业，23岁的我就赚取了人生的第一桶金，实现了当时所谓的有房、有车、有档口的财富自由。

作为一个雷厉风行的女老板，2010年，在事业春风得意之时，我选择步入婚姻的殿堂。之后，我有了两个孩子，从一个经济独立的女老板转变成一个掌心向上的家庭主妇。可想而知，这个角色的转变让我自己都措手不及！是的，在这10年当中，我迷茫过、焦虑过、痛苦过，我不懂得怎样经营好我的家庭，更不懂得怎样教育好我的孩子……

你们是否有过相似的经历呢？放弃事业回归家庭，内心会产生某种不平衡，不甘于平凡，想活出自我，想要被认可。这样的心态愈演愈烈的时候，内心就会无比焦虑。只要家人说了一句你不喜欢听的话，就会引发一场家庭战争。在这10年当中，我无数次跟老公吵架，无数次跟婆婆吵架，把家庭经营得鸡飞狗跳。我一旦控制不住自己的情绪，就会牵连到孩子；只要孩子不听话，就会骂他们；当家庭不和谐的时候，孩子自然也教育不好；孩子不仅学习成绩很差，生活习惯也很糟糕。我明白，当时的我是一个不合格的妈妈。无数个黑夜，我以泪洗面，我问我自己，这样的日子何时是个头？

当我走上学习之路后，我才知道什么叫育儿先育自己。当你迷失了自己，无法把自己养育好的时候，你凭什么觉得自己有能力养育和教育好你的孩子？

暂时迷失了方向并不可怕，可怕的是你无法从黑洞里找到照亮你的那一束光！

第二，育儿先育认知

非常庆幸的是，我从黑洞中看到了一束光，学会了拯救自己，选择勇敢地走出来学习。对我而言，2019年12月19日，是一个生命中照见光的日子，我走进了一个女性智慧教育成长平台，叫“LadyBoss”。当时有一个璀璨无比、充满力量的女人站在台上讲话，这个人就是我的恩师柳婉琴。我非常清楚地记得当时婉琴老师说的一句话深深地触动了我，她说：“人生永远不要给自己设限，也不要把自己的生命选择权交给别人，因为当你有一天坚定自己梦想往前进的时候，你比你想象中还要充满力量。”

这句话点醒了我开启新的人生。于是我开始跟随着婉琴老师深度学习。2020年，老师引领我们学习走向智慧成长的道路，通过老师，我有机会接触到麦克·格西老师的金刚智慧种子法则；《笔的故事》让我明白智慧就是“明白万事万物背后运作的法则”。所有迷茫、痛苦、焦虑都来自你内心的投射，一切都来源于你自己。一切都是你自己创造的，美好的幸福家庭是你创造的，成功的事业也是你创造的，你想获得什么，就必须先给予什么。我开始运用2500年前圣贤的智慧去提升自我，并持续践行，经营好家庭。

一个有智慧的母亲送给自己最好的礼物是“思维认知的成长”，送给孩子最好的礼物是“身心合一的榜样”。父母的认知将决定孩子未来的天花板的高度。

第三，育儿先育情绪

“情绪是万病之源”。过去的我，也许跟大家一样会因为担心孩子的学业成绩而焦虑，因为孩子拖拉磨蹭、说到做不到、爱玩手机等，内在的情绪不断涌上心头。当情绪来临的那一刻，我控制不了自己的情绪。圣贤经常告诫我们要先处理情绪，再处理事情，这样一切才能通畅。所以，我深刻地知道，如果你在养孩子时，没有办法很好地掌控自己的情绪，你就无法教育好你的孩子，就会产生内耗。不知道大家认不认同这个观点？因为我经历过，所以在这里我想把“育儿先育情绪”这个观点分享给大家。在这本书中，我有很多的工具和方法分享给各位家长，为的是让大家学会如何与情绪更好地共处，并给负面情绪及时按下暂停键。

情绪内核稳定的父母，才能养育出情绪内核稳定的孩子。一个能驾驭情绪的人，才能驾驭自己的人生。

第四，育儿先育关系

想要收获和谐的亲子关系，首先需要实践以上三个育儿方式，先把自己养育好，通过学习提升自己的认知思维，管理好自己的情绪，你才能处理好每一段关系。拥有和谐美好的关系，才能拥有丰盛富足的财富。

在任何关系里，永远不要托付，也不要背负，而是要去托举。很多父母在育儿的时候总对孩子有托付的心理，最常见的就是父母会跟孩子说：“我辛辛苦苦赚了钱，送你去最好的学校，给你找最好的补习班，你为什么这么不争气？连个书都读不好。我们的努力付出你没看见吗?”这些话大家熟悉吗?

有一句话叫“老有所依”,父母总想把孩子当成他们老年的归宿,甚至有的父母会把自己的梦想寄托在孩子身上,渴望孩子能够帮他们实现自己未曾实现的梦想。这种爱实质上是名义上的爱,是有条件的爱,是一种束缚,是一种索取的表现,是一种道德上的绑架。是的,这就是典型的托付型父母。而真正的教育,是父母力所能及地去培养孩子,把所有的爱无条件地、真诚地给孩子。没有任何托付,那才叫真正纯洁的爱和正确的教育。

怎么去理解背负呢?身为父母,时常会担心孩子的各种问题。比如说,学习是否跟得上?是否在学校里被别人欺负?在学校有没有饿着?今天作业完成了没有?哪一门成绩比较差?是不是比较胆小、没有自信?能不能考上好的高中或者大学?进入社会后能不能有份稳定、高收入的工作?创业是否能成功?未来的家庭生活幸福吗……大家感受到没有,父母恨不得把孩子从出生到老去的一生都通通背负起来。你说这样操不操心,累不累?这就是背负型父母。这样的父母终其一生都会过得很累,到最后都不知道自己是为谁而活。当孩子无法活成他想要的样子的时候,就会走上绝望之路,心里就会出现各种声音,比如我怎么养了这样一个不孝顺、不懂感恩的孩子,真是养了个白眼狼等。从此心怀愤怒,开始抱怨、指责孩子。

这种背负型父母的所有付出，反而会成为孩子的压力和负担，时间久了就变成一种负罪感。孩子因为自己没有活成父母期待的那个样子，而觉得自己是一个失败的孩子，开始有负罪感和不配得感，认为自己不配当父母的孩子。这样的孩子未来是不会有幸福感的。创业时，也是没有领导力的，甚至是自卑的。即使在幸福来临的那一刻，也觉得自己不配拥有。这样的孩子一生会毁在父母的手上。

育儿原本应该是轻松的，孩子生活在我们爱的土壤里，应该是幸福、轻松、快乐的。人应该活在当下，走好自己的路，做好自己该做的事情。人生的成功捷径就是允许、接纳和臣服，即允许孩子做他自己；接纳孩子的不完美，也接纳自己的不完美；臣服于自己的内心。你不需要去背负孩子的一生，要适当放下。不要让孩子背负着你的压力去学习，也不要让孩子去背负你的任何期待，这样才能培养出收放自如的你和身心健康的孩子。

在关系里我们该如何做到托举呢？托举是一种能力，我们要有能力去创造自己的幸福，创造自己的价值，创造自己的热爱，创造你与他之间的空间，然后活成孩子的榜样。尽量不要把负面情绪传递给孩子或者身边的每一个人。能够做到正向传播美好的生活状态和生机勃勃的生命力，你就已经是一个合格的父母了。

要做托举型的父母，首先要拥有托举自己的能力。我想问大家，你们认为与自己的关系、夫妻关系和亲子关系，三者哪个最重要？这个话题值得我们思考。过往的我，认为教育孩子比什么都重要，于是我把所有心思都放在了孩子的身上。当孩子达不到我期待的时候，我就会有失落感和挫败感，时间久了就会有情绪。当情绪出现的时候，夫妻关系自然也不会好。所以关注点开始转向夫妻关系，但事实上比夫妻关系更重要的是与自己的关系。

人生是一场与人息息相关，但又与人无关的旅程。没有一个人会无缘无故来到我们的身边。我们需要通过与别人的相处来修炼自己，也就是借事修心，人生还是需要你一个人走完。所以，我们有时候搞反了，总认为是对方的错，比如孩子不听我话，惹我生气；老公对我不好，不够爱我等。这些是真实存在的吗？

那是因为我们不懂自己、不接纳自己、不认可自己所导致的。与自己的关系让我们先懂自己，与自己和解，接纳自己的不完美，成为一个完整的自己。只有先活出“真我”，你才愿意接纳别人的过错，你才能更好地理解他人的内心世界。

人这一生最可悲的事情就是连自己都不理解自己，连自己需要什么都不知道，却用别人的错误来惩罚自己，伤害自己。

没有智慧的爱，是一种伤害。无论是爱自己还是爱他人，首先你得先懂自己。你可以多问问自己以下这8个问题。

①我为什么来到这个世界上？

②我能为这个社会贡献点什么？

③我想成为一个什么样的人？

④我想成为一个什么样的父母？

⑤我最擅长的事情是什么？

⑥我最热爱的事情是什么？

⑦这个世界最需要什么？

⑧我最终会去到哪里？

当你能够明确以上8个问题的答案时，你就能很好地懂自己和懂他人，同时也知道自己的需求和别人的需求是什么，你所有的关系都会变得更加和谐。

麦克·格西老师说："如果你爱这个世界，你唯一的任务就是成为一个幸福的人。"唯有你幸福了，你才有能力去影响别人，使他们更加幸福！

第五，育儿先育潜能

无论你是父母，还是企业家，都要拥有一项能力，那就是激发别人的善心与潜能的能力。善心是需要被感化的，潜能是需要被激发的。当一个人没有共情的能力，就不会有感化的能力；当一个人看不到自己身上的潜能，就看不到别人身上的潜能。身为父母，不要一味地去要求你的孩子拥有某种能力或者必须成为学霸。在你提出要求之前，你得先成为这样的人。所以，育儿先育潜能，父母得先挖掘自己的潜能，培养自己的长处，用你的长处去影响你的孩子，勇敢地告诉他/她："妈妈/爸爸已经做到了，我相信你也可以做到。"简单的一句话里包含了你对孩子的共情和你所付诸的行动，这就是无声胜有声，同时孩子也被你鼓励到了。

晋杭老师经常说："如果你想成为一个有影响力、具备潜能的人，那么你说出去的每一句话，都要给人欢喜、给人方便、给人信心、给人希望。"于是，我开始意识到要做出改变。当一个人有意识想改变自己，升起这个念头的时候，潜能从这一刻开始就被激发出来了。

如何激发自己的潜能呢？影响他人，帮助他人，成就他人。你能帮助多少人，你的潜能就有多大。潜能是无法被定义的，它是具备一切可能性的。在培养孩子的过程中，父母要看见更多的可能性，成绩并不是孩子的全部。比如，孩子可能在帮助他人的过程中发现自己的天赋潜能。我和灿灿就是真实的案例。我把学到的智慧以读书会和沙龙的形式分享出去，每次开沙龙的时候我都会带上灿灿去做分享，我们很享受帮助他人成长的过程。

通过实战累计100场后，我和灿灿的表达能力提升了，胆怯的灿灿现在居然可以站在几百人的舞台上演讲。而我发现自己是一个能言善道的人，可以通过我的表达去帮助更多的人成长。这一刻我看见了自己身上的潜能，开始变得越来越自信，活得越来越绽放。运用智慧去践行所学到的内容，让我对未来充满了美好的憧憬和希望，不仅使我的两个孩子变得更加自信灿烂，还让我收获了一个幸福和谐的家庭，成为一名受人青睐的亲子教育导师，还创办了纯蒂恩亲子教育机构。让我更开心的是践行影响了跟我志同道合的伙伴们，我们一起做爱心公益，一起帮助更多的父母和孩子成长。

5年来，我们让上万名家长走出了育儿困惑，帮助上千个孩子找到了学习的自驱力，让他们明白事物背后运作的法则，懂得感恩，发现自己的潜能和创造力。

我清楚地记得，2020年6月20日，一位15岁的中学生被他的亲戚带到我的智慧沙龙现场学习，这场智慧沙龙激发她找到了内在的驱动力。她说她很后悔当时没有好好学习，完成她该完成的学业，当她知道学习的重要性的时候，她找到了一份工作，一边兼职一边修她的学业。同时按照我教给她的方法找到了她的共同目标伙伴，两个人共同学习。现在的她不仅完成了学业，还找到了自己热爱的工作。这个案例让我更加笃定我做亲子教育这份事业的初心和使命。

教育是让花成花、树成树。每一个孩子都是独一无二的，只要给足孩子空间成长，他们能创造具备无限潜能的自己。所有的教育都不是在教育他人，而是在引发、唤醒他人。通过父母自身的蜕变成长，用生命去影响生命，这样的教育才是可持续的。而培养孩子成为心怀感恩，拥有转念能力、创造力、独立能力，身心健康、有担当的人，这才是父母需要重视的。拥有这样品质的孩子才不会被各种外在的价值观念所左右，不会被外在的物质环境牵着鼻子走，不会成为外在物质的奴隶而不自知。他们会更懂得敬天爱人，内心会充满力量，感受到活在这个世界上的价值和意义，从而创造属于他们的无限未来。

我们因爱而来，世界因爱而在。生命之灯因智慧而点燃，生命之舟因践行而前行！希望大家都能运用智慧去转化一切、妙用一切、受用一切、享用一生，走出育儿困惑，带着孩子一起共同成长，创造奇迹。

周秋妹

2024年4月19日

目录

CONTENTS

01 / 第一章 自我的觉醒

02 / 第二章　认识你自己

03 / 第三章　培养有内驱力的孩子

04 / 第四章 父母的觉醒之路

05 / 第五章 践行的力量

01

第 一 章

自我的觉醒

ZIWODE
JUEXING

第一节

意义：生命是一场爱的觉醒旅程

“心灵的成长，远比知识的学习重要。”

谈起教育，大家经常会提到“内卷”这个词，很多家长和老师提倡让孩子提前学，或是在课后让孩子多刷一些题。

为了不让孩子输在起跑线上，孩子不能闲着，家长自己也不能闲着，孩子得好好学习，家长得天天向上。我们也许是世界上最有“奉献精神”的父母，从当上爸爸或妈妈那天起就铁了心告别幸福，所做的一切都是为了孩子，为了孩子将来的幸福，为了孩子一步步冲到人生目标的终点……

因为在我们生活的社会，“成功”是用来衡量人的标尺。我们从小就认为生命就是要不断地自我成长、获得成就。所以当我们成为家长之后，就想让孩子获得更高的分数；买学区房，给孩子提供良好的学习环境；报各种培训班，让孩子更快地成长，拥有更好的圈子……所有的努力都是希望他们未来能够过上想要的生活。

可这就是问题所在。我们把人生当成一场赛跑，只是每个家长心里的终点不一样，有人把小升初当作终点，有人把高考当作终点，有人把孩子结婚当作终点。不管是哪个终点，我们都不会让自己放松下来。片刻喘息都怕自己掉队，稍一松懈就于心不安，整个人就像上紧了的发条和绷紧了的弦。

1.迷雾：我们到底在害怕什么

我们被裹挟在焦虑的人群中，时常因为孩子身上可能出现的种种问题而忧心忡忡，诸如健康状况、缺乏自信、自卑感、逆反情绪、与父母之间的代沟等，难以静下心来，我们承受了过多的压力。

其中，孩子成绩不理想、对学习缺乏兴趣、不听话等问题，是大多数父母共同关注的焦点。我们往往认为这些都是孩子的问题，却忘记了“行有不得，反求诸己”的道理。当我们未能达到预期的结果时，常习惯性地将原因归咎于外界，“这不是我的错”。但实际上，很多问题的根源都在我们自己身上。

想象一下，如果你不断地挑剔孩子，孩子会感受到极大的痛苦。相反，当别人对你吹毛求疵时，你可能也承受不住。我们每天对孩子苛责，是否深刻体会到孩子的心情？孩子为什么会有这样的行为表现？如果我们不去仔细观察和反思，就会陷入一个“越忙越迷茫”的循环。

我自己曾经也是这样。当灿灿在幼儿园大班的时候，我觉得他在很多方面都不够出色，于是我给他报了五六个培训班，包括绘画、书法、英语、滑板等。每个周末，我都忙于把他送往各个培训班，同时也为了寻找停车位而疲于奔命。

这样持续了几年，不仅孩子感到疲惫，我也感到筋疲力尽。在那段时间里，我忙得无暇自顾，因为我将所有的注意力都集中在了孩子的“问题”上。每天忙于奔波，面对交通拥堵，我的内心也变得异常焦躁，情绪容易失控，感觉自己迷失了方向，仿佛一张卡壳的唱片，无法跳脱困境，只能一遍又一遍地重复着同样的循环。

2.觉悟：在成长中看见自己，开始担责

后来，我投身于教育学、心理学以及经典智慧的深入学习之中。在这个过程中，我学会了明心见性，通过不断内省和觉醒，我意识到一切的起点都在我自己。

我们常说孩子是一张白纸，从他们降临到这个世界的那一刻

起，我们便开始在这张白纸上作画。如果画得美好，那归功于我们；如果结果不尽如人意，那也是我们的责任。在很大程度上，孩子是我们行为和思想的反映，当我们注视他们时，就如同照镜子一样，看见的是自己的倒影。

有时候，我们可能会抱怨："社会本身就存在问题，教育系统也不完美。"确实，这些问题是存在的。但关键在于寻找有效的解决方案，而不是找寻无意义的理由。

虽然我们无法单独解决所有外在的问题，但我们完全有能力掌控自己。只有当我们转向内心，全心全意地投入自我成长中，承担起对孩子的全面责任时，我们才能找到真正的解决之道。如果我们自己停滞不前，却强求孩子不断进步，或者我们自己平庸，却期待孩子成为学霸，这些想法都不切实际。我们的成长和改变，才是引领孩子向前进的关键。

父母是原件，孩子是复印件。当你发现复印件上有错别字，一定是在原件上改错别字，而不是只找复印件的问题。我开始不断提升认知，用心感受孩子的感受，理解孩子的内心，欣赏孩子的观点。灿灿现在学习越来越好，甚至成为小讲师，意气风发地站在舞台上向台下500人做演讲。这一切改变都来自我自身的成长和进步。

维灿宝贝

我的大儿子也经历了类似的转变。曾经，他在我眼中是一个喜欢玩游戏、成绩普通的孩子，随着时间的推移，他的努力与成长让我刮目相看。如今，他已经跻身班里的前十名，更值得一提的是，他对学习充满了兴趣，梦想将来能成为一名国际顶尖的编程师。这种转变不仅体现在他的成绩上，更体现在他对未来的追求和热爱上。

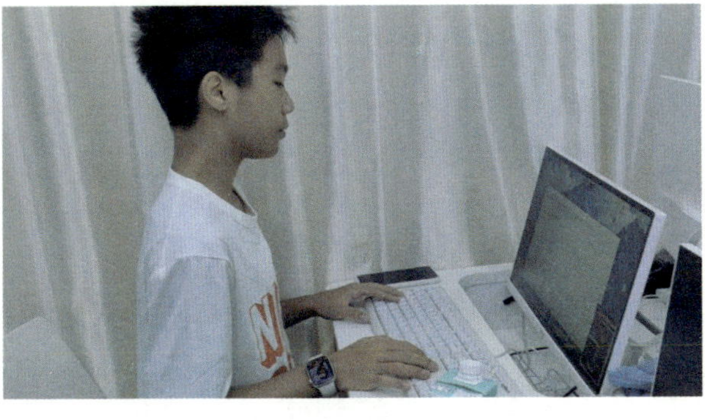

维泰宝贝

这种从自身出发的改变，不仅让我更了解自己，也让我和孩子们的关系更加和谐，还有利于孩子们的成长和发展。

3.觉醒：回归生命的中心，让爱生发出来

还记得那段日子，我和灿灿一起踏上前往婉琴老师课程的旅程，每日往返的车程合计要4个多小时。有一次，旅途尤其漫长，我对灿灿说："灿灿，如果妈妈感到困倦，你可以轻拍我的腿，提醒我保持清醒。"

灿灿认真地回答说："不可以，万一我这样做分散了你的注意力，可能会有危险。"说罢，他递给我一瓶水，不停地与我聊天，给予我鼓励："妈妈，我看到了你的坚持，我也会和你一样，我们永远不放弃学习。"那一刻，我深深感受到了灿灿的温暖力量，内心涌现出平静与喜悦。

这让我意识到，我们的内心有什么，就会传递给孩子什么。爱会孕育爱，恐惧感则可能带来恐惧。父母如同河流，孩子便是其中的小船，只有当父母的能量充沛，孩子的生命之舟才能顺风顺水，水涨船高。

通过这一路的实践，我不仅收获了和谐的亲子关系，还与丈夫、婆婆建立了更加和睦的相处之道。家庭充满正能量时，整个家庭的氛围也变得温馨而美好。孩子学习轻松，成绩自然会好。因此，学习不仅是勤奋的体现，更关乎能量的流动。正如有人似

乎不费吹灰之力就能赚钱，而有人劳碌奔波却难以如愿，这背后是能量在发挥作用。

当我们缺乏能量、内心无动于衷时，再怎么努力也难以达成目标。真正的“德”，在于厚德载物，并不仅仅是捐献了多少财物或取得了什么成就，而是体现在对他人的包容、慈悲与爱，对父母和长辈的孝顺，以及对自然万物的敬畏和呵护上。真正的“德”，是从心底自然流露出的光芒。

此外，我还创建了纯蒂恩亲子智慧演说成长平台，致力于服务成千上万的家长，帮助他们与孩子一同成长。我深信，生命中的一切都是为了与人分享的。我们不过是一个通道，一切都通过我们流向外界。当我们拥有智慧时，更应该慷慨地分享出去。

生命是一场关于爱的觉醒之旅，我感到无比幸运，能够不断地觉察、认知和觉醒，逐渐领悟到生命的真谛。

你准备好了吗？让我们一起踏上自我的觉醒之旅。

【分享时刻】

“爱之光，指引我前行，

在黑夜中，是你让我不再迷茫。

我在寻觅中绽放，如同夜空中最亮的星，

你的爱，是我觉醒之旅上最温柔的风。

不再问为何，也不再求证，

在这旅途中，我学会了以心感知。

每一刻的呼吸，都是对生命的礼赞，

爱，让我看见了所有的美好与真相。”

这首诗阐释了爱作为觉醒和成长过程中的核心力量，可以鼓励我们开启心灵的旅程，探索生命的深层意义。通过爱，我们得以觉察到生命的真正价值，进而觉醒，领悟到生命的真谛。这与你的感悟不谋而合，共同体现了一场关于爱与自我发现的精神之旅。

第二节

共识：建立良好的亲子关系，需要达成的四个共识

“亲子教养的核心，在于你和孩子之间的关系。”

跟孩子建立良好的亲子关系，是教育的必备条件，是我们塑造孩子性格的土壤，也是我们培养孩子各种习惯的基础，更是我们唤醒孩子，解决孩子各种问题唯一的突破口。

怎么跟孩子建立良好的亲子关系？如何去修复、完善亲子关系呢？我们首先要了解孩子跟我们的关系，孩子是谁，我们在孩子的成长中应该充当什么样的角色。我们要达成以下至少4个教育共识。

1.生命的共识：孩子是一个独立的生命个体

这个观点决定了我们对孩子、对教育的态度和立场，也决定了我们往后的教育行为，同时它也会影响最后的教育结果。

亲子关系以血缘关系为基础，孩子在12岁之前，我们跟孩子天天见；孩子上了初、高中之后，就是周末见；孩子上了大学之后，只能假期见。也就是说，孩子上初中后到大学毕业之前，我们真正跟孩子在一起的时间加到一起，很可能也不过1000天左右。孩子十八九岁去上大学，甚至是去千里之外，大学毕业之后也许会回来，也许会留在当地城市，也许会去其他城市，甚至是国外。

再过几年他们会收获自己的爱情，组建自己的家庭，有自己的爱人，有自己的孩子，有自己的事业，有自己的社交圈子。到那个时候他们跟我们见面的频次会越来越少，就好像现在我们跟父母见面的频次一样，孩子们的容貌、身材、认知高度、思维方式、行为习惯都会发生很大的变化。我想此时此刻的你可能会有一些失落。

但是我们要清醒地认识到，孩子从出生的那一刻开始，就是一个独立的生命个体，而且独立的生命个体会跟你渐行渐远，你看到更多的是他的背影。我们跟孩子相处的这段时间是我们这辈子最幸福的时光之一。

2.关系的共识：夫妻关系永远大于亲子关系

在育儿路上，很多人会把血缘关系看得比夫妻关系更重要，于是把所有的精力都放在了孩子身上，而忽略了夫妻关系。久而久之，因为你单方面的付出，你的幸福感会下降。

夫妻吵架时会互相伤害，妻子说："孩子是我生的，我只管我孩子，你跟我没血缘关系。"丈夫一生气就会说："妈只有一个，老婆不行可以重娶。"这就是思维认知不足，导致夫妻产生矛盾。

事实上，家庭要幸福，夫妻关系是第一关系。虽然夫妻没有血缘关系，但是老祖宗几千年前就有这样的智慧：一国安定系于万家，万家安定系于夫妇。这是我们东方的智慧。如果夫妻之间不和谐、吵吵闹闹，哪里有安定的家呢？家不安定，自己的心就不安定，孩子就不安定。

这样的家庭环境会给孩子造成干扰，孩子也无法在家里得到爱和温暖。孩子真正的幸福是有幸福的父母，夫妻关系永远大于亲子关系，这也是建立亲子关系的基础。

以前很多父母不重视家庭教育，现在父母过于重视，已经重视到给自己造成过大的心理压力了。家庭教育固然重要，但我们也决定不了孩子未来会遇到什么样的爱人，决定不了他们未来的事业做得有多大，决定不了他们未来的身体健康如何。

如果过分强调家庭教育对于孩子未来人生的影响力，只会造成过大的心理压力，这反而不利于教育。孩子是一个独立的生命个体，天生就具备向上生长、追求卓越的特性，只要你不阻碍他成长，你就已经是一个合格的家长了。

3.时间的共识：让孩子享受当下，拥有幸福的童年

做父母的都有一个愿望，希望孩子能有幸福的一生。只有孩子童年过得幸福，长大后他的幸福感才会更强，他才会更加自信，才能更加从容地面对各种挫折。

童年幸福了，长大之后就算他的事业、家庭生活受挫，他也会内心丰盈、心态健康。如果家庭给孩子的童年造成了伤害，孩子一生的幸福感都会大打折扣。

我身边有一个做珠宝生意的朋友，因为夫妻关系出现了问题，离婚了，后来她选择了跳楼轻生。痛苦的还是孩子，这给孩子造成的伤害将持续一生。很多人认为是孩子抗挫折能力差，遇到的挫折少的缘故，这样的认识是成人思维，是偏颇的。

如果家庭关系不好，父母老吵架，爱训斥孩子、爱埋怨，家庭氛围很压抑，孩子长大之后，就算事业上做得再好，拥有再多的物质财富，拥有再高的社会地位，他也很容易焦虑，容易缺乏幸福感。甚至在遇到重大挫折的时候，很容易做出一些极端的事情。

心理学大师阿德勒说过一句非常有名的话："幸福的人用童年治愈一生，不幸的人用一生治愈童年。"孩子人生的各个阶段都有不可取代的价值，尤其是童年。童年是身心成长最重要的阶段，也是孩子人生中最幸福的时光之一。

幸福的童年，是孩子很笃定自己的父母是无条件爱自己的，是发自内心地欣赏自己，尊重自己，信任自己的。

4.成长的共识：要把教育孩子的过程当成与孩子共同成长的过程

如果你认为教育就是让孩子成长，你就会不由自主地以审视者的身份把精力和关注点都放在孩子身上，会对孩子有更高的期待、要求，结果就是你会很累、很生气，孩子会很烦、很叛逆。随着孩子年龄的增长，孩子离我们会越来越远。

我们陪伴孩子时，也要把部分精力放在自己的生活和工作上，放在自己的成长和进步上，努力把自己的人生过得精彩，成为孩子的榜样。

榜样教育的核心就是做好自己。当你和孩子共同成长，把孩子当成你身边可以学习的对象时，你对孩子的成长、学习会有更多的同理心。当你把更多的时间和精力放在自我成长上，尤其是取得成绩的时候，你会不由自主地想跟孩子分享。同样，当你在工作和生活上犯了一些错误，反思的时候，你也会想跟孩子分享。那么，孩子在成长中犯错的时候，你就会有更多的宽容。

我们跟孩子最好的关系就是我们对孩子亲而不密，孩子对我们孝而不顺，彼此欣赏，共同成长。孩子是一个独立的生命个体，他们本身就自带向上生长、追求卓越的特性，教育其实不过是锦上添花。而且随着他们年龄的增长，我们也会和他们渐行渐远。

在孩子十八九岁之前，我们能做的并不多，主要是跟孩子建立一个良好的亲子关系，让孩子生活在一个被爱滋养的环境中，给孩子一个幸福而有意义的童年。

【分享时刻】

亲子沟通是建立良好家庭关系的基石。为了达成更有效的合作和理解，以下是三个实用的亲子沟通技巧，旨在帮助父母与孩子建立更加积极和谐的关系。

1.积极倾听：全神贯注地听孩子说话，不仅仅是听他们说了什么，更重要的是理解他们的感受和需求。

当孩子讲话时，停下手中的工作，与孩子保持眼神接触，通过点头或简短语言表示理解。避免打断他们，听完后可以用自己的话复述他们的观点，以确认自己的理解是否正确。

这种方式可以让孩子感受到被重视和被理解，从而更愿意敞开心扉，分享内心的想法和感受。

2.正面引导：用积极的语言来引导孩子的行为，而不是批评或命令。使用具体而正面的语言描述你希望孩子怎么做，而不是他们不应该做什么。例如，用“请走路”替代“不要跑”。

这种正面的表达方式能够减少孩子的抵触情绪，使他们更加清楚地理解预期行为，从而更容易遵循指导。

3.共同制定规则：与孩子一起制定家庭规则和日常安排，让他们参与到决策过程中。讨论并商定家里的基本规则（如玩耍时间、作业时间等），确保规则既公平又实际。让孩子提出自己的看法和建议，共同决定奖励和后果。

这种做法能够提高孩子遵守规则的意愿，他们会感觉自己的意见被尊重，对规则有了所有权感。

通过实施这些亲子沟通技巧，不仅能够促进父母与孩子之间的理解和信任，还能有效引导孩子的行为，培养他们的责任感和自我管理能力。

第三节

密钥 1：观察者不同，看待事物的角度不同

“当一个人听到几个不同的观察者对同一事件的描述时，他将清楚地意识到，人是活在自己的主观感受中的。”

很多家长困在纠结里内耗，总是担心孩子拖延、不主动学习等，好好跟孩子讲道理，却换来一次又一次的失望。其实，学习换个角度看待孩子，好好经营自己的身语意（指思想和行为总和），向内求比什么都管用。

事物本没有好坏对错，观察者不同，看到的事物是不同的。看待孩子也是一样，如果你经常关注孩子的缺点，孩子的缺点就会变多。

人的内心就像一块吸铁石，关注什么就吸引什么。孩子做得不好的时候，我们要适当地去忽略那些问题，因为否定会带来更多的否定，而孩子不可能没有缺点。如果经常看到孩子的问题，会让孩子产生低自我价值，会失去自信。

学员慧妍曾和我分享过，她有点担心孩子总是写作业拖沓的问题。在她看来，孩子每天都要忙到很晚才能完成作业，睡得少。第二天起床也特别困难，她叫了好几遍，孩子还是不愿意起。有时候慧妍实在忍不住，就会对孩子大声吼叫，甚至用脚踢。随着时间的流逝，她发现孩子越来越不愿意和她亲近了。

慧妍的孩子肖懿是我专属班的学员，我见到的却是另外一番景象。肖懿学习好，还特别有创意。这让我思考，为什么同一个孩子，在我和慧妍眼里却是两种截然不同的存在呢？

每个孩子都有他独特的学习方式。比如，肖懿在我的课堂上喜欢趴在桌子上听课，我尊重他的选择，因为我相信每个孩子都有自己的方式去接受这个世界。当我让他站到台前分享时，他那出色的理解力和逻辑表达能力，让人惊叹。他不仅能复述我讲过的内容，而且还能毫无遗漏地还原

肖懿宝贝

整堂课的讲解。

我看到了他与众不同的地方，所以我不断地鼓励他，让他开口表达自己。就像烧水一样，如果只是烧一会儿，水是烧不开的。我们需要持续给水加热，一直到水沸腾。孩子的成长也需要不断鼓励，给他们的心灵持续地加热，直到他们的内心完成转变，变得更加强大和自信。

可惜的是，慧妍之前没有找到正确的方法来鼓励孩子，没有看到孩子的亮点，反而经常放大孩子的不足，不断地进行打压。这样的做法，只会让孩子感到更加无助。一旦孩子形成了习得性无助的心理，他们就会变得拖延和不自律，越是被父母控制，就越想要逃避。

我们应该努力成为孩子成长路上的加油站，而不是他们前进道路上的障碍。我们要学会发现孩子的闪光点，给予他们足够的鼓励和支持，让他们在爱与鼓励中健康成长，发现自我，成就自我。

你看见的是孩子拖延的行为，却忽略了孩子背后正向的目的“我要用拖延来争取自己的生存空间”，这是对操控的一种反抗，是无意识发生的。孩子不是拖延，而是能量低，心里悲伤无助，动不了，也不想动。

小时候我们玩过一个游戏，用放大镜将太阳光聚焦在白纸上的一个点上，一会儿白纸就会燃烧起来。如果你只看到孩子身上的缺点，就好比放大镜聚焦，这样很有可能把孩子的一生给毁掉。

换个角度，如果你的老公天天盯着你的不好，看到你脸上的皱纹，不是心疼你为家庭的付出，而是拿着放大镜看你的每一条皱纹，觉得你不好看，处处嫌弃你，最后就会导致夫妻关系破裂。

一张白纸上面有一个黑点，如果你只盯着那个黑点，你的世界就只有那个黑点，99%的空白就看不见了。所以当你只关注孩子的问题时，孩子的问题就会被放大。

最重要的不是看见那个黑点，而是转换思维，看见缺点中隐藏着优点的种子。

孩子拖延，说明他有耐心；孩子胆小，说明他谨慎；孩子淘气，说明他灵活；孩子嫉妒别人，说明他有上进心。只想改变孩子的缺点往往会适得其反，有智慧的家长会忽视自己不想要的，肯定自己想要的。孩子的优点多了，缺点自然就少了。

当慧妍学习并开始践行“观察者不同，看到的事物是不同的”后，她开始改变对孩子的态度，努力寻找并赞赏孩子的优点。她每日会写感恩日记，其中有一部分就是孩子做得好的部分，比如孩子主动去学校、放学后直接回家等简单却重要的行为。这种持续的实践不仅改变了她对孩子的态度，从抱怨和指责转变为鼓励和赞扬，还逐渐改善了母子之间的关系。

孩子在纯蒂恩专属班的一项感恩活动中，对妈妈的评分从0分提升到20分，再提升到60分。这不仅是分数的增加，更是孩子心态和感情的变化，表明他开始接纳和理解妈妈，和慧妍的关系也随之渐入佳境。

当你换一种思维后，也就换了一种人生体验。命运给我们提供了无限可能，等待我们去发现和创造。如果我们只是执着在自己的观点里，在负面的身份认同里，我们就很难有选择，我们就会抱怨："为什么会这样？"

如果我们真的信任、接纳了我们的孩子，就不会不停地尝试帮孩子改正生命中的问题，而是看见孩子更多的优点。每个人都不同，千人有千面。

我希望我们能通过不断地觉察和转念，从现有的局限中跳出来，站在一个更高的位置去接纳孩子和身边的每一个人，尊重每一个生命的独特性，走向更开阔的人生。

【转念时刻】

看见孩子更多的可能性

我眼中孩子的问题	问题中优秀的种子	具体实例
拖延	谨慎	孩子下围棋时思维缜密，总是能推演后面好几步

第四节

密钥 2：一切具备无限的潜能

“你所经历的一切就是你的灵感来源。”

从一个过往迷茫无助的家庭主妇，到站在各个高校讲台上的讲师，我的转变源自我发现并践行了一个深刻的真理：一切具备无限的潜能。这个理念不仅改变了我，也深刻影响了我的孩子。曾经叛逆、言语粗鲁的他，现在能够用他那卓越的演说能力，在各种舞台上传递正能量，成为众多孩子成长道路上的引路人。

这一切的改变，都始于我理解并分享的一个简单却深邃的故事——笔的故事。

一个房间的桌子上放着一支笔，当我们走进房间，看到它，它就是一支笔。如果这时有一只小狗走进房间，看到桌子上的笔，也许在它眼里，这支笔就是一根磨牙棒。

我们觉得这是一支笔，小狗认为这是一根磨牙棒，谁对？显然，答案是：都对。因为我们的确可以用它来写字，小狗也的确可以用它来磨牙。关键在于观察者如何看待。如果下一刻飞进来一只蝴蝶，那么它就是树枝；如果爬进来一只蚂蚁，那它就是障碍物。也就是说，桌上的物体“笔”本身没有变，变的是观察者，同时这支笔具备成为一切的可能性。

对于刚刚那个问题，如果房间空无一人的时候，它暂时什么都不是，它所有的特性，都是由观察者决定的。也就是说，它本身是“空的”，并不具备任何的特性。所以，这时它有成为任何事物的无限潜能，关键在于你如何看待。

在课堂上，我经常跟学员分享杯子的思维，一个杯子放在桌子上，有人往里面放茶水，有人往里面放酒，有人往里面放纯净水，有人把它当作一个盛东西的容器，而猫会把它当作一个玩具。一个杯子尚且具有这么多种可能性，何况我们呢？

人类历史就是一个不断发现并实现潜能的过程。从火的使用，到现代科技的飞速发展，每一步都体现了人类不断探索和发挥自己潜能的过程。比如，人类能够从使用简单的工具，进步到发明计算机和互联网，这背后是无数科学家和工程师对人类潜能的深度挖掘和应用。

心理学研究表明，正面的心态和坚定的信念可以显著提高人们达成目标的可能性。自我实现预言的概念指出，人们对自己潜能的信念往往会促使他们采取行动，使这一信念成为现实。

“一切具备无限的潜能”不仅是一种哲学观点，更是一种实践指南，它让我们每个人都拥有变得更好的可能。在践行中，我看到了灿灿越来越多优秀的品质。灿灿从小就很喜欢玩显微镜，他人生中的第一台显微镜是9岁时买的，当时他用自己的零花钱买了一台二手显微镜，100多元。

因为对微生物好奇，便想更深入地研究，他又攒钱在闲鱼上买了一台800多元的显微镜。可是随着研究的深入，他还是不满意，又把这台显微镜在闲鱼上卖掉了，他想换一台12000多元的显微镜。

可是灿灿的爸爸不太理解灿灿，也担心这样的兴趣会影响他学习，就没有支持灿灿。灿灿就买了很多关于微生物的书去研究，一边研究，一边攒零花钱，足足用了两年的时间。我感受到灿灿内心的坚毅，支持了他6000元，再加上他的零花钱，他终于买到了心心念念的显微镜。

当一个孩子找到自己喜欢做的事情，他就会想尽各种办法去研究、去探索、去实现。整个过程中，我默默地观察灿灿如何去实现，也不断地鼓励他、支持他，我看到了他的耐心和坚毅。

我跟灿灿说："灿灿，你很喜欢显微镜，妈妈在你身上看到你具备无限的潜能，你未来能成为生物科学家。"

灿灿说："妈妈为什么会有这种思维呢？"我说："因为妈妈知道你具备无限的潜能。梅耶·马斯克为了支持孩子爱玩计算机的兴趣，在1983年，虽然她当时刚好在创业，资金非常紧张，但还是借了一万多块给马斯克买了一台计算机。12岁的马斯克很快学会了使用计算机，并用代码写了一款计算机游戏，投稿给计算机杂志后得到了500美元报酬。梅耶不知道马斯克在这条道路上可以走多远，只是鼓励、支持和引导他做自己喜欢的事情。她总是教导孩子们：如果想要什么，就自己主动去争取，我永远尊重你们的兴趣和选择。我和她一样，妈妈看到你喜欢显微镜，这样的热爱未来会成为你的天赋潜能，助力你的事业。"

确实，孩子的成功大部分来源于父母的支持、鼓励、引导和尊重，如果父母能看到孩子具备无限潜能，就能站在未来的角度培养孩子。

在育儿的路上，我们要不断觉察培养的动机，不妨想一想：

1.为何要培养孩子？

2.想培养孩子成为一个什么样的人？

3.这个孩子未来能为社会、世界贡献些什么？

这样我们就不会只看到现在的他们，而是能看到他们将来的模样。这样一来，我们对孩子的期望就不再是一种负担，而是一份希望和鼓励。

这样，我们就不会一味地希望孩子按照我们的想法去生活，而是会让孩子发现自己的兴趣和特长，用自己的方式去创造和探索，为这个世界带来新的光和热。这才是孩子们来到这个世界上的真正意义。

而孩子在此过程中，潜能会发生很大的变化。在金刚少年夏令营中，10岁的女孩嘉卉也经历了成长的蜕变。9天的课程，嘉卉带回家的不仅是一本密密麻麻的笔记，还有她心中对世界全新的认识。从最初简单的“笔的故事”，到对孝道的深入理解，嘉卉学会了用一种更成熟的方式去看待和尊重她的爸爸妈妈。

嘉卉宝贝

以前，嘉卉总觉得爸爸妈妈应该满足她的一切，她想要什么，爸爸妈妈就应该给什么。但是上完课程之后，她明白了每一件发生的事情都和自己有关，学会了不再向外找原因，而是应该向内寻找解决的办法，她对爸爸妈妈的态度也变得更加温柔和尊敬。

嘉卉刚开始参加课程时，不太愿意表达自己的想法，也不愿意融入集体。记得有一次，因为想妈妈，她甚至躲在桌子下面哭泣。但随着时间的推移，她认识到了自己的潜力，开始对自己严格要求。

比如，为了准备一个演讲比赛，她能够做到深夜还在背稿子，即便被催着去睡觉，她也会躲在被窝里继续背诵。她希望通过自己的努力，激励到更多的人。结果，她不仅在学校的演讲比赛中获得了冠军，还在其他比赛中多次获奖。

她的妈妈锦菡最开心的是，她和女儿的交流变得更加自然和亲密。有一次，她们入住拉萨某酒店后，

嘉卉的妈妈：锦菡

酒店的吹风机很不好用，吹一下停一下，锦菡就让服务员再送一个过来，可是催了几次，服务员都没有送过来。当时锦菡就有点情绪，因为那儿很冷，她担心嘉卉会感冒。嘉卉在身边一直说："我好冷啊，怎么还不来？"锦菡因为嘉卉一直在说就凶了嘉卉，这时，男服务员送来了吹风机，嘉卉说："妈妈，我跟你商量一件事可以吗？"锦菡说："怎么了？"嘉卉说："刚刚你因为吹风机没有送过来而发脾气，明明是那个人没有给你送吹风机，你为什么对着我发脾气？"

锦菡听到这话既感到很惭愧，又感到欣慰。嘉卉能将自己的委屈说出来，勇敢地表达自己的感受，指出了妈妈发脾气的真正原因并不是对她不满。这种勇于表达和沟通的能力是嘉卉在学习过程中的重要收获。

嘉卉通过学习深刻领悟到：学习是自我成长的投资，自己具备无限的潜能，有强大的内在动力。这份清晰的自觉让她在学业上连续获得班级第一，并在校内活动中大放异彩，成为老师口中积极、主动、自主完成任务的模范。

【觉察时刻】

优势觉察日记

你今天有哪些关于自己和孩子的优势觉察？如果今天是你开启优势发掘之旅的第一天，你打算记录些什么？请写下你的优势觉察日记。

你可以准备一个日记本，专门写下自己和孩子的优势觉察日记，也可以在手机或计算机的记事本上记录。这是一个很好的练习，可以帮助我们更好地认识自己和孩子的优势，并记录成长过程中的积极体验。以下是一些日记模板的示例。

优势日记日期：2024年4月15日

自己的优势事件：

1.在工作中成功地完成了一个重要的项目报告，得到了领导的表扬。

2.在与朋友的交流中，我主动倾听并给予了有效的建议，帮助朋友解决了一个心理问题。

3.今天设立了一个新的健身目标，并完成了比平时更困难的锻炼。

自己的优势关键词：

1.效率

2.同理心

3.持之以恒

孩子的优势事件：

1.孩子在学校的数学测试中取得了很好的成绩，显示出了他的逻辑思维能力和解决问题的能力。

2.在公园玩耍时，孩子主动帮助一个小朋友找回了丢失的玩具，表现出了善良和责任感。

3.孩子自发地整理了自己的房间，并把玩具按类别归置，显示出了组织能力。

孩子的优势关键词：

1.解决问题

2.善良

3.组织能力

通过记录这些日常生活中的积极事件和相关的关键词，我们可以更清楚地看到自己和孩子的优势所在，进而在未来的教育和个人发展中更好地发挥这些优势。

第五节

密钥 3：一切来源于我

“你是你生命的创造者。”

经常有这样两种家长，第一种家长，种下一颗种子后，他就感到非常焦虑：已经过去一两天了，种子怎么还不发芽呀？午夜惊醒后跑到花园里把土扒开，找原因。百思不得其解，再把土盖上，第二天带着两个黑眼圈出门再把土扒开。怎么还不发芽，已经过去这么多天了？最后种子彻底死掉了。

第二种家长，种下一颗种子后，盖上肥沃的土壤，充满着耐心，每天带着信心和祝福去浇水，一周、一个月后还没发芽，也继续耐心等待。一段时间过去了，有一天起床打开门，突然看到种子发芽了，继续守护着种子，让种子成为自己独特的样子。

我们究竟是哪一种家长呢？

有家长找到我，说起家里的一些问题。孩子明明已经考到了80分，有进步了，但是她认为100分才完美，别人的孩子都能够考100分而自己孩子不行，便觉得孩子笨。在孩子身上一年投资十几万去补课，花费了那么多心思，感觉孩子还是学不好。

还说跟老公感情越来越差，老公经常突然指责她，说："你怎么这么笨，连个孩子都教育不好，你又没有赚钱，是我赚钱养家，你连一个家庭都照顾不好。"

为什么会这样呢？"过去所种，今日所受；今日所种，未来所受。"我们所遭遇的一切都是过去种下的种子造成的。因为她曾有过抱怨孩子"笨"的行为，种下了这些行为的种子，所以她老公看到她这样，也会抱怨她"笨"，认为她什么事都做不好。

理想是现实之因，现实是理想之果。你理想中的孩子是自律优秀的好孩子，那是你的理想之因，怎么才能实现呢？其中核心的底层逻辑是"一切来源于我"。这也是我的第三把密钥。如果你种下了"自律优秀"的行为，就会收获"自律优秀"的果实，这样的果实也会影响孩子和家庭。要知道，你的世界里的一切都是由你创造的。

不要逼着孩子和爱人改变，要先改变自己，要从根本上去解决问题，这样你才能收获丰盛的果实。孩子也是你的果实之一。

我有位学员宝儿是医美行业的女企业家。之前跟孩子漫妮沟通的时候很别扭，她说什么孩子都不听，一交流就会吵架，感觉很痛苦。后来宝儿明白“一切来源于我”，开始慢慢改变自己的沟通方式。

一次，她和孩子去布达拉宫拍亲子照，宝儿看漫妮的妆容画得比较潦草，睫毛中间还有一小块黏黏的胶水，她用手把孩子的胶水抠掉了。她抠掉胶水以后睫毛头粘不上了。漫妮也很注重细节，就开始埋怨妈妈：“就是因为你，你就是故意的，你就是不想让我好看，我不拍了！”

宝儿听到漫妮这样说很心痛，说：“那我该怎么办呢？”漫妮说：“那把你的睫毛也摘掉，这样公平。”宝儿说：“你摘吧。”内心很痛苦，觉得孩子不相信自己，心如刀割，漫妮后来真的在她的睫毛上拔了两下，当时她觉得拔掉睫毛的皮肤好痛，但忍住了。就这样，她让漫妮去拍照，漫妮还是不肯拍。

如果没有智慧，按照宝儿以前的脾气，早就把孩子暴打一顿了。但她觉察到“一切来源于我”，就一直在反省到底种了什么因，导致今天看到这样的果。后来她也没拍下去，就坐在布达拉宫的广场上，泪流不止。

漫妮看到她这样，在旁边说：“你有什么好哭的，你现在哭，那你以前是怎么对待我的呢？你现在知道痛苦了。旁边的人都看着呢，你哭什么呀？”听到漫妮这样说，她再也忍不住了，彻底不拍了，哭着就往回走，孩子就在后面跟着。

回到旅馆，她们开始换衣服。因为两个人都有情绪，所以一天也没讲话。

第二天早上，宝儿突然想到了一个画面：她面对妈妈的一个画面。那时住在上海，她不知道因为什么事情，对妈妈的语气很傲慢，她妈妈也觉得很委屈，但她妈妈没有在宝儿面前表现出来，而是回到自己的房间里面哭。

当时她看到了，心里也没什么感想，现在猛然想起妈妈背着她哭的画面，让她觉得好痛苦，能够感同身受妈妈心里的悲伤，发现原来一切都是自己导致的，那个早上好好痛哭了一顿，下定决心开始转变。

一旦有情绪，宝儿会先冷静下来，回归自己的内心，觉察自己的行为举止。和女儿沟通时，宝儿会给孩子选择而不是命令。当她改变以后，她和女儿的沟通就很顺畅，关系也变得很亲密。

宝儿的女儿：漫妮（右）

在宝儿不断觉察"一切来源于我"之后，漫妮也开始改变，学习状态提升了很多，宝儿经常在班级群里看到漫妮被老师各种表扬，比如早自习态度认真、按时交作业等。

确实，万物背后运作法则的真相就是"一切来源于我"。父母改变了，孩子自然就会改变。当你对生活中的人和事有情绪时，仔细聆听这样的情绪，就会发现藏在这个情绪背后的真相。真相才是最重要的。但我们经常抵触这个令自己难过的真相，我们更愿意放纵自己的感觉。

所以，不要把责任外推，而是要勇敢地承担起来，回归自我生命的中心，在日常生活里去做每一个微小的改变。勿以善小而不为，勿以恶小而为之。好的行为就像不断播下好的种子，勤勤恳恳培育它长大。

待到开花结果，枝头的果实就是我们最好的呈现，也是我们生命的宝贵资产。

【觉察时刻】

在探索“一切来源于我”的旅程中，理解和自我觉察是关键。这个觉察方法不仅能引导我们深入自我，也能帮助我们在日常生活中去实践。开始这段旅程，首先需要认识到每个人都是自己现实的创造者，我们的思想、情感和信念形成了我们的经历。

每日反思：每天找一个安静的时刻，回顾过去的一天。问自己：今天我遇到的情况是如何反映我内在的思想和感受的？这个过程可以帮助你识别出哪些内在模式需要变化。

情感觉察：当你遇到强烈的情绪反应时，暂停一下，观察这些情感背后的思想，试图理解这些情绪是如何反映你的内在信念的。记住，你的情绪是你内在世界的直接映射。

转换信念：识别那些不再服务于你的负面信念。用积极、支持性的信念替换它们。例如，将“我做不到”转变为“我每天都在进步”。

感恩练习：每天记录至少三件你感恩的事情。感恩可以转变我们的焦点，从我们缺少的东西转向我们已经拥有的丰富资源，进而改变我们吸引和创造的现实。

自我赋能：每天花时间做一些你喜欢的事情，包括阅读、冥想、瑜伽、散步等任何能让你感到快乐和满足的活动。

通过这些简单而强大的步骤，我们不仅能够更深入地理解“一切来源于我”的真谛，还能够将其转化为日常生活的实践。这是一个持续的过程，每一步都是在促使自我觉醒。

第六节

密钥 4：种瓜得瓜，种豆得豆

“你想要什么，先要慷慨地给予。”

在我们探索教育的道路上，有一个深刻的真理常常被忽视：你想要什么，先要慷慨地给予。这不仅仅是一个生活的哲理，更是育儿过程中的重要指导原则。就如同世界是圆的，你所给予出去的，终将以另外一种形式回馈给你，每一份付出都能够收获丰盛的果实。这便是我想向你分享的第四把密钥。

在这个密钥的指引下，孩子们将学会如何去落地践行。如果孩子想要更好的成绩，他可以通过帮助他人来提升自己学习知识的能力。这种互帮互助的方式，不仅能够促进孩子的个人成长，还能够帮助他们建立起正向的人际关系，学会合作与分享。

而所有这一切的基础，都来源于我们播种的“种子”。种瓜得瓜，种豆得豆，这是自然的规律，也是人生的真谛。种子的类型决定了它们未来的成长方向和可能性。就如同有的树长得高，有的树长得矮；有的花开红色花朵，有的花开黄色花朵。这一切，都是在播种之初由种子决定的。

从更深层次来看，种子就象是我们命运的基因。尽管种子本身无形，但它所蕴含的潜力却是无穷无尽的。比如，楠木的种子虽然只有花生米那么大，核桃的种子却比它大得多，但这并不意味着种子越大的树就一定长得更高。实际上，一棵树结出的果子外形，80%是由种子决定的，外在因素的影响只占20%。因此，一个人的伟大，并非取决于他的外在条件，而是由他内在的“种子”——他的品质和内心决定的。

如何才能更好地践行呢?

1.种子：播下楠木般的种子

培育孩子，就像培育一粒楠木的种子一样。无论将来他们从事何种职业，身处何地，他们所展现出的，都是他们内心种子的力量。这就要求父母首先要理解并实践这个原则：给予孩子正确的价值观，培养他们优秀的品质。就如同在他们心中播下一粒楠木般的种子。

在我们每日的互动中，我们可以是孩子品质培养的“种子选手”，我们强调什么样的价值观，就会在孩子心中播下什么样的种子。比如，当我们赞赏孩子的慷慨与同情心时，我们就是在培养他们成为一个有爱心的人。

我们的角色是孩子生命中的园丁，选择种下什么样的种子，决定了孩子的未来。无论是爱、知识还是智慧，我们都应该毫不吝啬地传递给孩子和身边的人。因为如果你希望孩子成为那样的人，那么你自己首先要成为那样的人。孩子最终会成为我们所展现的一部分。

2.土壤：营造肥沃土壤般的家庭环境

种子需要播种在肥沃的土壤中。在孩子的成长过程中，肥沃的土壤如同一个充满爱、理解、鼓励和支持的成长环境，在这样的环境中，孩子就像种子一样，得到了必需的养分和水分，能够茁壮成长，健康发展。

他们不仅能够在学习上取得进步，更能在情感、社交、创造力等方面得到全面的发展。这样的孩子，会有较强的自信心和自我价值感，他们懂得如何与他人合作，如何表达自己的情感，更重要的是知道如何面对生活中的挑战，成为他自己。

而那些土壤贫瘠的家庭，要么充斥着冷漠与忽视，要么家长将自己的意志强加给孩子。在这种环境下成长的孩子，就像是在沙漠中挣扎的种子，他们难以得到足够的养分来支持自己的成长。这样的环境破坏了孩子对自我的感受，也破坏了孩子和世界建立关系的能力，这样的孩子很难表达自己的情感，也很难和父母建立正向的亲子关系。

3.氛围：带着孩子多做正向的事

除了家庭环境的营造，社会环境的影响同样重要。环境的塑造是一个全方位、多层次的过程，需要我们调动身边的社会资源，为孩子们创造一个真正有益于他们成长和发展的环境。

我不仅带着自己的孩子做公益，也经常组织纯蒂恩的家长和孩子们，积极参与社区服务和公益活动。比如，去老人院和孤儿院陪伴老人和孩子、组织关爱环卫工人的亲子公益、组织孩子们去石芽岭公园捡垃圾等，让孩子从小就学会关爱他人和回馈社会，培养孩子的爱心和责任感。一个愿意付出和拥有大爱的孩子，未来，他的人生格局会很开阔。

纯蒂恩公益团队慰问环卫工人

维泰宝贝很开心地在做公益

去老人院陪伴老人

纯蒂恩公益团队在公园里捡垃圾

慢慢地，孩子们也爱上了做公益。记得有一次，我跟灿灿说：“今天下午我们要给环卫工人派送中秋节礼物，你的钢琴课是不是可以请假？”

灿灿说：“钢琴课很重要，做公益也很重要，我可以提前去上课，再赶过来参加公益。”

维灿给环卫阿姨送礼物

他把时间安排好了，下课了自己搭车赶过来，刚好碰到了下班高峰期，交通堵塞，当他到场的时候公益活动已经结束了。灿灿有点失落，因为没有赶上给环卫工人发礼物。这时，刚好有一个环卫阿姨在打扫卫生，他赶紧跑过去送出礼物，很开心能够做公益。

带着孩子参与一次又一次的公益活动，让孩子懂得了公益不是有意义才去做，而是做了才变得有意义。

亲爱的家长们，教育是一场漫长的旅程，充满了挑战和不确定性。但只要我们带着爱和智慧，一步步前行，我们就能看到孩子们成长为我们心中希望见到的模样。这个过程，本身就是我们最美好的收获。

02

第二章

认识你自己

RENSHI NIZIJI

第一节

现实：你不觉醒，则你越努力，孩子问题越多

成为觉醒父母的核心在于，出现问题时要有能力直接面对。

——《父母的觉醒》

父母如果不能看见孩子的天性，不提升自己的觉知力，那么当父母带着盲目的妄想，带着自己生命的坑洞，执着于过去的经验，你越努力，孩子问题越多。

《乌合之众》曾说道："群体的无意识行为取代了个体有意识的行为，这是现时代最显著的特征之一。"很多人就处在集体无意识当中，也就是他认为别人这样做是对的，那我也这样做。比

如大家都认为孩子必须考大学，而且必须读好大学，不然就没有出路。

这样的意识形成有历史的渊源，本质还是根植于恐惧之上，害怕自己过了贡献期之后老无所依。这样内在的恐惧会驱使自己做更多，所以自己拼命工作囤积财富，也会拿起恐惧的鞭子去驱动孩子，让孩子努力学习考出好成绩，结果孩子厌学、抑郁的问题越来越多。

教育的大环境我们改变不了，我们可以做的是改变自己，也就是改变孩子的小环境。家长自己改变了，整个家庭氛围就会变。

最重要的就是自我觉察的训练。如果不努力提升自我的觉察能力，一切的努力不仅会白费，还会造成更多的问题。可是如果你没有觉察自我、改变自我的意识，想要把教育这件事情完全交给学校的老师，那是靠不住的，希望越大，失望越大。

很多家长在学习和成长的路上，发现虽然学了很多知识、听了很多道理，但是在实际的教育中还是一样会受挫。努力了一段时间，家长发现孩子还是没有信心、不爱学习、沉迷手机、不听话、没有安全感、学习成绩不好。

孩子的问题是谁的问题?

回想一下，当你因为孩子的问题陷入恐慌的时候，你内心会涌上愤怒、焦虑、负罪感甚至羞耻感。无论是哪一种感受，根源都来自恐惧，每当有这些感受的时候，你都会觉得自己是一个失败的家长。

而造成你情绪失控的强大力量，与你的童年经历有关。原生家庭的成长环境影响着今天的我们，原生家庭的经历给我们创造了一种样板，我们在这样的样板上构建人生。

加拿大心理学家艾瑞克·伯恩提出“人生脚本”的观念，他认为我们童年时期会形成对自己一生的路径描绘，就像一个人生脚本。这个脚本有意识层面的，但更多的是来自潜意识层面。你不知道自己为什么会有这种感觉，也不知道自己为什么会做出这样的选择，但就是这么做了。

潜意识虽然不容易被察觉，却支配着我们的命运。

就好像当我们把汽车开到一块大石头前面，车头紧靠石头，我们挂上一挡，然后踩下油门，会发生什么？会不会把汽车撞得很烂？显然不会。但是当汽车以100公里的时速行驶时，即使关闭发动机，迎面撞上去，汽车也会被撞坏。

人类的潜意识就如同高速前进的汽车的惯性一样，它比我们的显意识要大许多。弗洛伊德曾说：潜意识在掌控我们的命运。父母是孩子的催眠师，我们对孩子所说所做的一切，他都能感觉到，通过眼、耳、鼻、舌、身、意所触碰到的一切全部会进入他的潜意识。如果没有觉察，我们会重复原生家庭的模式，其实我们成年后的许多经历和人际关系都是原生家庭模式的延伸。

心理学家波尔斯说过：“我们以为我们活在一个四周都是玻璃的房子里，我们看到的都是全世界，其实，我们活在一个四周都是镜子的房子里，看到的都是自己。”

你最不愿意看见和接纳的部分，就会在另外一个人身上找到，这就是投射。很多时候，我们把最美好的一面给了离自己很远的人，而把最崩溃、最情绪化的那一面投射给了孩子。看起来孩子的某些行为是造成我们痛苦的原因，但其实孩子就像举着一面镜子，照见的是我们自己。

孩子的问题都是家长的问题。

我的伙伴晓琴以前是一个非常暴力的妈妈，孩子和她之间似乎总是隔着一堵看不见的墙，孩子不喜欢她，她也总是对孩子缺乏自信、不爱学习感到不耐烦。每当她控制不住自己的情绪，打了孩子之后，心里便充满了后悔，经常在这种痛苦和自责中挣扎，不知道这样的日子何时才能结束。对于如何教育孩子，她感到前所未有的无力和迷茫。

2018年的夏天，那个画面她永远都忘不了。她6岁的儿子发着烧贴着退热贴，蜷缩在蓝色的浴盆里，泪眼婆娑地跟她说：“妈妈，你好可怕。”那一天，她很久没说话，回到房间哭了很久。那一刻她真正意识到她需要学习。她给儿子写了人生中的第一封信：“儿子，妈妈错了，我要出去学习怎么做一个合格的妈妈。”第二天她拿着行李就出门了。

通过笔的故事，并在不断学习后，她逐渐明白了一个新的观念：这个世界是由我塑造的，一切从我出发，这是世界运行的真实原理。同时也开始理解为什么孩子会胆小、不热爱学习。原来，这些都是她的内心投射的反映。这些都源于她自己的经历，比如她在被邀请上台时因内心的恐惧而拒绝，或是小时候对学习的意义不理解，而现在，她却对孩子提出了相同的要求和期望。

于是她决定在心里种下勇敢的种子。她本来是个胆小的人，但为了自我突破，决定挑战自己站上舞台演讲。她给自己定了一个目标：连续1000天，每天录制3分钟的演讲视频并写下500字的演讲稿。在坚持了50多天后，她的两个孩子子墨和子童出于好奇，也开始参与到演讲的挑战中来。在这个过程中，她还陪自己的团队参与演讲练习，以此来提升他们的表达和沟通能力，让他们能够更自信地与客户交流。

到今天，她和两个孩子都已经完成了1000天演讲的挑战，她和孩子的表达能力不仅有了很大的提升，孩子们还去电视台做了演讲。她的儿子子墨，从最初需要她鼓动才能上台，到现在能够勇敢地在几百名观众面前做演讲，他的变化让她看到了他的无限的潜能。现在，孩子已经变成了晓琴所期望的样子：勇敢自信，心怀感恩，胸怀梦想。

她的儿子子墨从一开始不明白学习的意义，到现在拥有了一个坚定的梦想——“成为世界上最大的汽车和飞机销售商”。孩子还为自己设定了中期目标——“进入当地的四所顶尖中学”，并找到了有相同目标的伙伴，为了实现目标共同努力，为将来更高层次的学习打下基础。

她的女儿子童现在7岁，在妈妈的影响下，在7岁之前就成为班级干部，并且在英语比赛中获得了一等奖。她通过自己的改变，不仅提升了自己，也将这种积极的影响力带到了家庭里，并扩散到了家庭之外。

所以，我们说家长是原件，孩子是复印件，复印件如果出现了问题，我们不能在复印件上去修改，而是要在原件上去修改。孩子的问题都是父母的问题，通过孩子的问题，我们可以觉察和检视自己的语言、思维和行动，每一次的觉知都是自我成长的机会。能通过孩子的行为不断检视自己，这是成为觉醒父母的标志。

看见孩子拖延，要觉察自己身上是不是有拖延的行为；觉得孩子爱玩手机，要觉察自己是不是疏于陪伴；觉得孩子没有自信，要觉察自己是不是对孩子苛责太多。

如果跟孩子相处出现了问题，要觉察自己的语言模式、思维模式，跟孩子的相处模式、沟通模式。只要愿意真正去反思、去探索，你会发现原来你也受过类似的苦，内心就会升起一个声音，就是“我要成长，我要穿越”。也许刚开始你是为了孩子而改变，但最终发现受益的人不仅有孩子，还有你自己。

当我们把焦点从孩子身上转移到自己身上，百分之百负起责任的时候，才能解决问题。虽然我们解决不了其他问题，但是我们可以主宰自己。当我们每个人开始回归到生命的中心，关注自己的念头，开始去承担、去转念时，你会发现孩子的问题自然会得到解决。

【觉察时刻】

1.觉察自己最大的障碍是什么

这是个人成长旅程中的第一步，它要求我们坦诚地面对自我，识别那些阻碍我们前进的内在障碍。可能是恐惧、自我怀疑，也可能是过去的经历留下的阴影。只有明确了自己的障碍，我们才能有针对性地克服它们，从而获得成长。

2.在此基础上，继续追问原因，以便发现更深层次的心理动机

这一过程仿佛是心灵的深潜，每一个原因都能使我们更接近自我内心的核心。这种深入探究的过程有助于揭示那些隐藏在表面之下的真正原因，让我们不仅了解自己在行动上的停滞不前，更能触及情感和心理层面的深处。

正如孔子所言："知之者不如好之者，好之者不如乐之者。"真正的自我发现之旅，不仅是关于知识的积累，更是对自我认知的喜爱和享受。只有深入了解自己，人生的道路才能越走越宽广。

第二节

情绪：破坏亲子关系的根源

如果你经常被负面情绪所困扰，那么与孩子建立起良好的亲子关系将变得遥不可及。在现实生活中的种种压力之下，许多父母容易沉溺于负面情绪的漩涡中，结果往往是过分关注孩子的缺点，而忽略了他们的优点。

孩子的常见问题，如拖延、磨蹭、自责、抱怨、言而无信、生活习惯不佳、缺乏自信、拒绝沟通，以及对学习的厌恶和对手机的依赖等，几乎每位家长都曾以极大的耐心尝试着去讲解、引导。然而，当发现讲解无效时，愤怒的情绪便会升起，不自觉地提高嗓门，甚至采取体罚措施。

随着孩子年龄的增长，你可能会发现他们的性格、习惯和学习状态都不尽如人意，这会加剧你的焦虑。当孩子步入青春期，你们之间可能会出现更大的隔阂，孩子可能会封闭自己，不愿与你沟通。

到了这一步，你可能会感到自己已经尽力了，但孩子的问题似乎越来越多。这种无力感让你感到沮丧，对于教育孩子失去了信心。这时，你可能会感到自责和委屈，抱怨孩子不够努力，责怪伴侣不给力，甚至产生了强烈的挫败感。如果你有这样的经历和感受，说明你已经深陷情绪的泥潭，教育孩子成为你沉重的负担和障碍。

面对负面情绪的无力，我们难以与孩子建立起良好的亲子关系，更难以进入孩子的内心世界，唤醒孩子，解决问题。我们与孩子之间的隔阂和矛盾，不仅仅是因为孩子不听话、不爱学习或沉迷手机等行为，更多的是我们自身负面情绪的反映。

孩子表现出的所有问题，实际上都是父母的问题。因此，面对这些挑战，关键在于我们如何管理自己的情绪，如何以积极的态度去引导和理解孩子。

理解了孩子表现出的问题实际上源于我们自己之后，我们便站在了一个全新的起点上。这个认识促使我们反思：如何通过自身的变化来促进孩子的成长？这个过程就像是往一杯清水中慎重地添加东西。我们的行为和选择，是决定这杯水最终面貌的关键。

想象一下，如果一个杯子中装满了清澈的纯净水，你眼中看到的是一杯清水。当我向这杯清水中滴入一滴墨水后，这杯水便被污染了。这个杯子，就像是孩子一样，他们带着一颗纯洁无瑕、干净透明的心来到这个世界，来到我们的家庭。

事实上，杯子本身并没有变化，变的是我们选择往里面添加什么。是杯子本身决定了它将装入何种液体吗？显然，是使用者决定了要往杯子里添加什么。

杯子并没有改变，我们的孩子本质上也没有改变，改变的其实是作为父母的我们。实际上，“一切皆源于我”。我们所说的不听话的孩子、优秀的孩子、情绪良好的孩子，都受到你所营造的环境影响。

当你向杯子中注入愤怒、抱怨和指责等负面情绪时，相当于你将这些负面情绪种植在了孩子的潜意识里。当杯子里的污水满溢时，就会表现为负面情绪的爆发。相反地，如果你往杯子里注入的是无条件的爱、理解、宽容和幸福等正面情绪，那么孩子的潜意识所吸收的也是积极的思维方式。这样，杯子里溢出来的，自然就是积极向上的能量、幸福感和正面行为。

明白了作为父母，我们对孩子的成长和世界观所产生的影响之后，要进一步思考我们如何利用这一影响，为孩子创造一个充满正能量的成长环境。在这个问题上，弗洛伊德在《梦的解析》中提出的关于意识的观点给予了我们深刻的启示。

弗洛伊德提出：“意识是一种特殊的心理行为，是感官将其他来源的材料经过一番加工而形成的产品。”他认为潜意识虽然不为人所察觉，看不见又摸不着，但是眼、耳、鼻、舌、身、意所能触碰到的信息会全部植入潜意识，而潜意识支配着人的命运。

在此，我想分享一个案例，我们借助这些案例来反思自己潜意识的作用，目的是让我们在育儿的路上少走弯路。

有一年，武汉一个14岁的男孩，仅仅因为在教室里观看其他两名同学打牌，便和那两位参与打牌的孩子一同被老师告知家长。孩子的母亲，在没有完全了解事情的真相之前，被情绪的洪流冲昏了头脑。在同学云集的走廊上，她当众发火："你怎么这么不听话，生你真是倒霉，丢了我这张老脸。"

在那一刻，她失去了对情绪的控制，给了孩子两个耳光。没想到，这一行为成为悲剧的导火索，孩子选择从窗户跳下，留下了永远的遗憾。这位母亲深陷自责和痛苦之中，最终也选择离开这个世界。

这样的案例并非孤例，每年每个城市都有发生。这些悲剧背后是父母未能妥善管理自己的情绪。事实上，如果父母能够保持正面情绪，学会缓解和引导，这些原本可以避免的悲剧就不会发生。

一切都归咎于我们作为父母的不足。有人或许会说孩子太脆弱，但孩子的脆弱正是我们这些创造者塑造出来的。孩子的强大同样源于我们给予的信任、尊重和爱。孩子犯了错误，适当的惩罚也许是必要的，但不要伤害孩子的自尊，不要将自己的负面情绪转嫁给他们。

如果我们无法有效地管理自己的情绪，继续采取吼叫、发火、训斥、羞辱或打骂等方式，这无异于往孩子心灵的杯子里一滴滴注入毒素，这样不仅会伤害孩子，也会毁掉他的一生。

因此，解决教育中的情绪障碍问题，首先要从管理自己的情绪开始，通过学习和提升，将智慧和有效的方法应用到生活中，营造一个充满爱和正能量的家庭环境。从自我做起，改变我们的心态和行为，就能够向孩子传递爱与美好，使他们以积极的姿态成长。

孩子的未来，依赖于我们作为父母的选择和努力。让我们从现在起，不再对孩子抱怨和指责，先从自己做起，解决问题，共同创造一个更美好的未来。

【觉察时刻】

面对日常生活中的挑战和压力，学会觉察和管理自己的情绪是每位父母都应掌握的技能。以下是一个简单而有效的觉察情绪的方法，可以帮助我们在情绪波动时，避免负面情绪溢出。

觉察情绪的四步法

1.识别情绪

首先，当你感到情绪波动时，停下来深呼吸几次，试图识别你正在经历的情绪是什么。是愤怒、失望，还是沮丧、恐惧？只有当我们能够准确地识别出我们的情绪时，我们才能更有效地处理它们。

2.接纳情绪

接下来，接纳你的情绪。情绪本身没有对错，它们只是我们对某些事件的自然反应。允许自己体验这些情绪，而不是试图抑制或否认它们的存在。接纳情绪是理解和转化情绪的第一步。

3.探究原因

深入探究引发情绪的根本原因。是某个特定的事件、一句话，还是某种特定的思维模式？试图理解这个情绪为什么会在此时此刻出现，它背后的内心深层需求或未满足的期望是什么。

4.采取行动

最后，一旦你理解了情绪的来源，就可以更有意识地选择如何响应这些情绪。这可能意味着需要与孩子或伴侣沟通你的需求，然后设定界限，或者是调整自己的期望。自己要选择一种积极的行动方式来响应你的情绪，而不是让情绪控制你的行为。

通过这个四步法，我们不仅可以更好地管理自己的情绪，还能通过示范教育孩子如何以健康的方式处理自己的情绪。我们的行为和态度直接塑造着孩子的心理健康和世界观，学会觉察和管理情绪，是我们为孩子创造一个更美好未来的重要一步。

第三节

转念：一招改变念头、语言和行为模式

“真正困扰我们的，并非发生在我们身上的事情，而是我们对那件事的想法。”

——爱比克泰德

很多父母想尽办法、倾尽所有帮助孩子找资源，不让孩子“输”给别人。很多家长感到“焦虑”“内耗”，触发我们情绪的根源是什么？

从更深的层次来看，每种情绪的爆发，根源都是恐惧。因为害怕自己不够好，所以尝试控制孩子的一切，好让他们能补偿自己从童年时就一直挥之不去的匮乏感。

当负面情绪来临时，我们的表达方式有两种。第一种是“压抑”。我们会动用宝贵的生命力去压制它们，对抗它们，这时身心会进入一种“内耗”的状态，内在被压制的情绪越多，压制它们所消耗的生命力就越多，于是能用来应对生活中各种事务的精气神就会越来越少，总感觉心有余而力不足。当我们的生命力不足以压制这些情绪时，就容易生病。

世界心理卫生联合会曾指出，70%以上的人会以攻击自己器官的方式来消化自己的情绪，而消化系统、内分泌系统和生殖系统则是重灾区。导致免疫系统出现问题的情绪排名，前七名依次是生气、悲伤、恐惧、忧郁、敌意、猜疑，以及季节性失控。很多心理学的研究都表明，我们的许多疾病都跟情绪的长期压抑有关。

第二种就是“发泄”。很多家长的情绪一点火星就能点着，直接把情绪发泄给孩子，孩子就像是他们的出气包。除了给情绪按下暂停键，我们还可以学习转念来改变自己的念头、语言和行为模式。

我总结了一套ABCDE模型理论，为大家提供一个非常清晰的解决问题的思路。

什么是ABCDE呢?

A：念头，你的动机是什么；

B：行为，在这件事里你做了什么；

C：语言，在这件事中你说了什么；

D：你的看法和感受，你对这件事或者这个人的看法和感受；

E：这件事情最后的结果。

你跟孩子约定好，孩子可以放松玩一下游戏，玩游戏的时长每次不能超过30分钟。但是孩子没有听你的话，玩了三个小时，你下班回来的时候打开房门已经是晚上11点了，你看到孩子还在很兴奋地玩游戏，这个时候你非常愤怒，一气之下把孩子的手机给砸了，还骂了他一顿："你这个叛逆的孩子，怎么这么不听话，都这么晚了，你还在玩游戏，你跟妈妈的约定忘记了吗？你是不是欠揍啊，以后不允许你再玩游戏了。"

孩子瞬间流下了眼泪，二话不说直接把门给反锁了。你的内心感受到愤怒、着急、不安，也很担心孩子在房间里会做出什么事情。

从这件事我们来剖析，A代表的是我们的念头，这个时候你可以问问自己为什么孩子玩游戏你会那么生气？生气的这个念头是来自哪里呢？同时你也要换位思考孩子玩游戏的动机是什么。

如果你能想明白这个点，那么你就能很快转念，你的念头将会决定你的行为、语言和对孩子的看法，也就是BCD，而BCD将引发最后E这个结果，而E这个结果将会决定这件事情是引发负面的情绪，还是引发正向的情绪。最终这个结果也会影响你与孩子的亲子关系是变得和谐，还是破裂。

负面的情绪。你的念头(A)：明明约定好了，你竟敢不听话违背承诺，我得好好制裁你。（站在父母权威的角度去处理事情，这个念头催生了你恶劣的情绪。)

你的行为(B)：把孩子的手机给砸了。

你的语言(C)：破口大骂。

你对孩子的看法和感受(D)：开始评判这个叛逆、不听话的孩子，你的感受是愤怒、焦虑、不安、担心、指责和抱怨。

结果(E)：导致这个孩子哭了，把门反锁了，亲子关系恶化。

大家可以深入思考，这是想要的结果吗？因为这样的一件小事情，导致你们的亲子关系破裂，需要用很长的时间去恢复，从此你在孩子的心里种下了一颗害怕你的种子。

如果这颗种子不发芽，那么他的童年还算幸福。如果这颗种子发芽长大，那么就像我们前面所说的，他要用一生来疗愈童年的这个恐惧和害怕。这就是原生家庭给孩子造成的潜移默化的伤害。有一句话是这么说的：没有智慧的爱就是一种伤害。

和谐的关系。你的念头(A)：孩子玩手机是因为学习压力大，想要放松，玩得太开心，把时间给忘记了，并不是想要反抗我。

你可以尝试接纳这件事情。同时思考孩子为什么要玩手机，他玩手机的动机是什么。

首先可能是因为他没有人陪伴，觉得无聊；其次是因为学习压力大，玩手机只是为了短暂地让身心得到放松；最后可能是因为跟同学玩得太兴奋，所以忘记了约定的时间。

当你的念头A做出正向转变的时候，你接下来的行为、语言模式、感受和结果都会截然不同。这个时候你可以静下来30秒，想一下此刻的场景：虽然看到这个场景你会很生气，但如果你想到杯子的故事，孩子是你的投射，你立刻就会有转变情绪的念头，因为你已经知道接下来的结果掌握在你自己的手里。

如果你采用了宣泄情绪、打骂的方法，你很清楚这个伤口是很难愈合的，所以接下来你的行为会转变。

你的行为(B)：轻轻地推开门，用理解的眼神看着玩得很开心的孩子。

你的语言(C)：用柔和的语言跟他说："孩子，已经11点了，我需要你把手机先交给我。"

跟孩子说出你的感受(D)："我知道你玩游戏是为了放松，妈妈也同意你玩游戏，但是你违背了我们的承诺。妈妈看到你玩到了11点，说好只玩半个小时，但是你多玩了两个半小时，所以我很生气，生气的理由是你没有照顾好自己的身体。第一，熬夜对身体不好；第二，你连续玩三个小时会伤害到眼睛，妈妈是因为担心你，所以才生气的。"

当你调整念头的时候，收获的结果会完全不同(E)。孩子就会开始反思自己：我明明犯错了，但妈妈还是这么柔和地对待我，她只是针对这件事情生气，并不是不爱我。这样孩子就会获得更多的安全感。同时在他内心深处，他也会知道自己错了，从而慢慢改变自己的行为。

在育儿实战中，我发现这个模型理论很好用，同时我也运用ABCDE模型理论帮助很多家长走出了育儿困惑，使他们获得了和谐的亲子关系。

所有的问题都不是问题，只是缺少了智慧，缺少持续学习践行的精神。唯有深入学习智慧，才能一通百通，因为一切道理都是相通的。

【觉察时刻】

培养三个小习惯：

第一，每天要时刻回顾“杯子的概念”。

提醒自己“孩子是我的一面镜子，一切来源于我，是我创造了这个孩子”。如果我想让孩子变得优秀，那我就要时刻往杯子里注入营养来滋养他。

第二，每天记录一件你与孩子之间发生的事，应用ABCDE模型理论进行分析拆解。

时刻觉察自己的念头、语言、行为模式，可以让我们随时处在正向的积极情绪中。

第三，每天最少给自己半个小时独立的时间，记录自己当下的感受。

无论是喜悦还是悲伤，通通都可以写下来。记录自己的感受，是情绪的一种流淌和自我沟通，也是一种全然的自我接纳，接纳自己是一个不完美的父母，而自己想做一个完整的父母。什么是完整?《道德经》里讲到:“故有无相生,难易相成,长短相形,高下相倾,音声相和,前后相随。”实有和虚无相伴而生,困难和容易相辅相成,长与短通过互相比较而得以显现,高与低互相依靠而存在,单音与复声和鸣而成就曲调。我们要学会接纳自己,有忧就会有乐,有苦就会有甜,有丑就会有美,有长就会有短,互相结合才是一个完整的真我。

正如天上只有一个月亮,世上也只有一个自己,接纳自己的平凡,成为一个与众不同的自己。世界上没有完美的人,只有完整的人,唯有接纳自己的不完美,才能创造完整的人生!

第四节

经历：过去的经历对我们的影响

“每个人都是反照出自己影像的一面镜子，是你自己的想法在响应你。”

——拜伦·凯蒂

在我们成为父母的旅程中，孩子的行为常常无意间触发我们内心深处未曾平复的波动。这些痛苦的感觉，埋藏在我们的记忆里，源于童年时我们未能妥善处理的情绪。而现在，孩子的到来仿佛给了我们一面镜子，让我们有机会重新面对这些过往的伤痕。

孩子来到我们的生命中，其实是上天赐予我们的一个宝贵的机会，让我们能够自我提升，自我成长。想要教养好孩子，我们先要教养好自己。而教养自己最重要的事情，是我们需要明白过去的经历对我们的影响。

豆瓣里有个群体说父母总是用爱的名义去操控孩子，用爱的名义控制孩子不离开、不离弃，用爱的名义让孩子养育他们到老。很多人觉得父母有各种不完美，觉得父母没有按照他们最想要的方式来爱自己，看上去他们是在吐槽，他们过得也不快乐。

如果一个人经常埋怨父母如何不好，他不可能快乐。因为内心一直下雨的人，是看不到外面的晴天的。

要知道我们皆来自父母爱的创造，在我们的身体里，有父母双方家族的基因，我们既具备来自母亲的阴柔的力量，也具备来自父亲的阳刚的力量。阴柔的力量能包容万物，是爱的体现。而阳刚的力量会让我们感受到生命的笃定、强大和无惧，是生命的驱动力。

我们的生命可以完整拥有父母双方共同的力量和特质，在灵魂的序位中，当我们能与自己的父母深度连接时，我们就能平衡自在地享受富足的人生。

我们在原生家庭中体验了所有生命之爱，在原生家庭中体验和学习对爱的观感，这些经历让我们形成了对家的渴望/排斥的主观价值系统。如果我们对原生家庭充满了正面的记忆，那么我们对家就充满了温暖和回归的渴望；相反，如果原生家庭在我们小时候的内心里留下的是负面印记，那么就会使我们对家产生逃离或刻意弥补的执念。

凡是内心有愤怒，是因为曾经受过委屈；凡是内心有憎恨，是因为没得到过爱；凡是内心有嫉妒，是因为没有被看见过、尊重过；凡是内心有负面情绪，是因为内心曾经受过伤和痛。

有些人内心抱怨父亲和母亲，觉得父母对自己有亏欠，处于一个受害者的状态。长大以后，可能父母不再伤害他了，可是生命里还是会无缘无故地发生很多引导他去抱怨的事情，以保全他“受害者”的身份。

美国心理学家卡普曼提出“卡普曼戏剧三角”的概念，在三角关系中，最常见的一个游戏是，把三元关系中的三方变成迫害者、受害者和拯救者。

迫害者，贬低别人，把别人看得较为低下，并掠夺别人；

受害者，认为自己低下，有时寻求被迫害，有时寻求被帮助；

拯救者，把别人看得较为低下，但会去帮助对方。

卡普曼说，所有人际关系的互动中都藏着这个戏剧三角，这是因为每个人心中都有迫害者、受害者和拯救者三种角色，因此人会构建这样的关系。虽然有人容易喜欢一种固定角色，但其实大家都在这三个角色中不停换位置。

很多人从父母那里受到的伤害，会自然而然地给到自己的孩子，这样的人就是迫害者。他们不愿意自己活成父母那样，可是长大之后，却变成了自己嘴里最讨厌的那个样子。

迫害者、受害者与拯救者这三角关系会诠释所有人在原生家庭里面的状态，进而影响人的一生。

我们该如何做到迎回父亲和母亲的力量呢？

看见即是疗愈。

因为你没有看见父母也受到了同样的伤害，你其实需要用更大的理解心和慈悲心去看见父母受的伤。

他们的生命中也会出现很多卡顿的地方，包括生存的不易和艰辛。越辛苦的人越无法顾及身边人的感受，各有各的不容易，而且父母至少做了三件事：

第一，生育，要对父母深深地感恩，因为他们已经给予了我们生命；

第二，养育，他们提供了自己能力范围之内最好的养育；

第三，教育，无论父母教育得好不好，教育这件事情他们都做了，而且还很努力。

生命是最可贵的，当你的爸爸妈妈把生命赋予你的时候，他们就已经配得你所有的尊重，他们就已经完成了他们的任务，他们对你所有的抚养都是多出来的恩典。无论好与不好，他们都以他们认为最好的方式爱你了，只是那个方式可能不是你想要的。

我们的父母，他们没有学习过怎样做父母，就已经成为父母了。他们是普通人，他们对自己是不认同的，对童年的我们也不认同——做对了是应该的，学习好也是应该的。小的时候我们一直生活在这样的环境里，我们慢慢地觉得自己的价值是很低的。

可是父母已经在他们能力之内给我们最好的了，我们不能把爸爸妈妈做错的事当成罪。而且我们也没有学会怎样做父母，就已经成为父母了；我们大部分人受过的教育都不够完美，又怎么能苛责父母用对的方式来对待我们呢？

如果你不能接受父母的全部，那就是还不能接受自己灵魂的选择，而你生命中所有受苦的层面往往并非来自受苦本身，而是对所发生的一切都无法接受，生命之流就会形成抗拒的漩涡，而我们无法通过对抗生命来化解这一切。

要超越生命中的苦难，就必须放下怨恨，不断觉察自己的意识，不要用过去的尺子丈量自己现在的人生，只有重新去书写生命的剧本，才能轻盈地托举孩子的成长。

【觉察时刻】

在每天睡觉前，心里默念下面三句话。

1.重要的不是给予了什么，而是如何调整给予的动机。

2.重要的不是过去发生了什么，而是我们如何看待过去。

3.决定我们人生的不是过去和经历，而是此时此刻的你做了什么。

我们经常这样练习，就能够从习惯性的应对策略中解脱出来，即使面对愤怒或伤心的情绪，我们也能有意识地留在当下。这是一种巨大的力量，可以让我们在生活的每时每刻都能发挥更积极、更勇敢的作用。

第五节

连接：播种恩田，重新修复与原生家庭的连接

"爱不能打败一切，但是爱可以连接一切。"

我们这一代人，把太多心思放在了孩子身上，而没有放在老人的身上，这就会出问题。教育的根本就是孝顺，你怎样对待你的父母，孩子未来就怎样对待你。

所以我们把更多的爱倾注在我们的父母身上。只要父母还健在，就要把父母当成孩子宠。你很孝顺父母，孩子就会特别孝顺你，亲子关系就很自然。你不需要控制孩子。

父母给予我们生命，是我们的恩田。你要把你所有的专注

力，尽可能多地给到父母。你孝顺父母，好好播种恩田，能量就会变得很好。可是很多人过不了心里的鸿沟，对于父母对待自己的方式难以释怀，这是因为我们不理解他们的一生。

父母在他们的年代没有得到过爱，所以，也无从学习如何爱。与其怨恨父母，不如开阔自己的心胸。我们与父母的代际鸿沟，是时代的差异。他们走过的路，曾经食不果腹、朝不保夕。若我们尝试着回到父母的童年，看看他们是如何从孩童长成大人的，就会明白他们的局限源于他们的生长环境。我们对父母，也就有了体谅和心疼。

为我们规划一切的父母，并不是不明白生活的真相。恰恰相反，他们经历过太深太沉重的疼痛，才更加渴望儿女一生平安和顺、不经历风波。这不是顽固不化，只是为人父母护卫儿女的痴心。当我们理解了父母的恐惧后，才能真正懂得，我们该怎样抚慰世界上最爱我们的人，并让他们相信：你可以按照自己的方式，生活得更好。

原生家庭的疗愈，就是要去疗愈好你跟父母的裂痕，把更多的爱和供养给到你的父母，多在恩田里播种，这样孩子才能够在恩泽中长大，一代一代传承。我们孝顺父母，孩子才会孝顺我们。

这样由上至下的规则，是家庭排列系统里面非常重要的法则之一，叫“序位法则”。

序位法则说的是先来的人优于后来的人，也就是父母优于孩子，就像《易经》中所说的天尊地卑。优于并不是说谁先来谁占的好处就多，而是指一种荣耀和责任，是承担。所以先来的人更需要被尊重，先来的人更需要去承担他们自己的责任，他们的义务叫“优于”。

因为生命的传递，是一场深沉而神圣的情感之旅。父母将生命毫无保留地赠予孩子，孩子则全然接受。在这个过程中，我们学会谦卑地臣服于生命的法则，珍惜所拥有的一切。

只有当我们与父母深刻地连接，从中寻找到幸福时，我们才能真正感到幸福，并将这份幸福传递给他人。幸福是由内而外溢出的。如果我们自身不幸福，便无法将幸福赠予别人。

孝顺不仅仅是传递情感，更是一种增强内在力量和信心的方式。人要有信心，心才有力量。曾国藩曾说：“凡盛衰在气象，气象盛则虽饥亦乐，气象衰则虽饱亦忧。”这个“乐”讲的就是信心、正气、能量。人一有信心、一有能量，就能心想事成。

我们如何在恩田里播种，增加我们的内心能量呢？

1.看父母的苦处，养慈悲心

百善孝为先，孝为人生之本。首孝悌，生命的第一件大事就是孝。人和其他自然万物一样，只有遵守自然道德，在根部上下功夫，才能赢得事业、家庭、财富，朝着成功和幸福的方向发展。

爸爸妈妈是孩子的根，先人是家庭的根，这个“根”是看不见的磁场，是频率相同的波，是冥冥之中护佑后代和家人的正能量。通过连根养根，我们不断加强这种精神上的联系和支持，使得家庭成员之间的能量得以传递和增强。

一旦我们和父母的关系和谐，就能感受到平静、滋养和成功，收获生命赠予的礼物。如果一切都靠自己单打独斗，生活将变得十分艰难，如同唐·吉诃德与风车作战一般徒劳。我们是系统的一部分，需要借助系统中的资源——与父母、家族连接，从中获得力量和祝福，助力我们实现目标。

我们把爱真正给到父母，孩子的爱也会回流给到我们。曾经，我的内心竖起了一道高高的屏障，内心跟父母有很大的隔阂。我开始感受到父母的辛劳与牺牲，认识到他们在用他们的方式爱我，尽管那时的我未能完全接受这样的爱。

随着我财富的增长，我也开始更加慷慨地对待他们。通过深入学习智慧，我明白了父母是我人生的恩地，他们赋予了我最宝贵的生命。仅这一点，就是无尽的恩赐。他们用尽己力以自己的方式爱护我，因此，我开始反思并忏悔自己过去的错误。

在过年期间，我为父母洗脚，这是我将近40年人生中，第一次触摸到父母的双脚，向他们表达了女儿深沉的爱。我为爸妈洗脚的那一刻，近距离地观察到妈妈脚趾上的灰指甲，心中不禁涌起一股深深的惭愧。

那一刻，我意识到自己作为女儿，在孝道上还远远未尽全力。如果不是因为我学习到并开始践行这些生活的智慧，我可能永远都不会有机会触摸到爸妈的脚，感受到他们的辛苦。

小儿子灿灿看见我为姥爷姥姥洗脚，跟我说："妈妈，我也要为您洗脚，我也想照顾您。"我的侄子看到这一幕，也加入进来，为爷爷奶奶洗脚。这样简单而又温暖的行为，深深打动了孩子们的心，教会了他们何为孝顺。

孝顺父母，不仅限于为他们洗脚这样的具体行动，他们渴望的是我们的陪伴。

2.看父母的好处，养感恩心

多想想父母对我们的好，你只要花些时间去找，一定能找到。你花的时间越多，连得越紧。久而久之，心马上就会安定下来，心一安定下来，能量马上就上来了，做人做事特别有底气，一点都不慌。

感恩不能只停留在想法里，而是要转化为行动。如每天给父母发一个红包，这可以成为我们与父母之间爱的桥梁。想象一下，当父母每天清晨醒来，第一件事就是看到他们深爱的孩子给他们发送的红包，那份喜悦和温暖是无法用金钱衡量的。

金额不必大，每天几元、十元或几十元都可以。这样，每天父母一睁开眼，就会感受到自己的孩子心里有他们，这份连接和惦念是非常珍贵的。即使你无法经常陪伴他们，通过这种方式也能让他们感受到你的爱。同样的做法也适用于向公公婆婆表达爱意，因为这样的爱和财富都将以某种形式回流到你身上。

有人或许会提议，直接一次性转一大笔钱给父母不是更好吗？但实际上，每天发送红包的方式更能维系与父母的日常联系，从而在与父母的连接中汲取到力量。

我每天给爸爸妈妈打电话、发红包，在不断地学习和践行之后，我的内心才真正被疗愈。我持续在恩田里播种，越来越能理解他们的不容易，当我去感受父母内心世界的时候，我可以感受到我对孩子的爱，决心要接纳孩子的缺点，而孩子看见了我对父母的付出，

我和爸爸妈妈

他们跟我的关系也越来越好。

跟父母深深地连接后，你才有能力过得幸福，才有能力再给予他人幸福。如果我们自己过得都不幸福，是没有办法给别人自己没有的东西的。

3.看父母的长处，养恭敬心

父母的长处，要认认真真去找。我们常常陷入一种无休止的“忙碌”状态，很少有时间停下来，细细观察和欣赏父母。这种忙碌，如同一道无形的障碍，阻挡了我们对生活深层次的感知和体验。“忙”就是心亡。

什么叫心亡？信心缺失，安全感缺失，恐惧感来了，担心、害怕就来了。

父母用一生的时间为我们搭建起成长的脚手架，他们的智慧、坚韧、爱心和牺牲，往往在我们疏忽大意的日常中被忽略。要真正认识到这些，就必须在日常的忙碌之外，刻意为自己留下空间和时间，去观察和理解父母的生活，这样内心才会升起恭敬心。越看父母的长处，就越恭敬。

看父母的苦处，养慈悲心；看父母的好处，养感恩心；看父母的长处，养恭敬心。

这三个习惯如果你每天都在做，就是通过身教而非言教来影响后代，践行“代代相传，传而不教，不教而响”的智慧。

当我们通过自身的行为实践孝道，自然而然就会展现出恭敬与感恩，这种行为的正面效应会深植于我们的子女和周围的人心中。这样的教育方式能使良好的品德和价值观在家庭乃至社会中生根发芽，世代相传。

【觉察时刻】

你可以在心里给父母鞠躬或者跟父母深深拥抱。这不但是对父母至高的尊重与感谢，也是对父母背后那伟大的生命源头致以最高的敬意。可以默念感恩的祈祷文。

亲爱的爸爸妈妈：

感恩你们把我带到这个世界上，这是一个事实，我却忽略了这个事实。我可能因为你们所做的事情而责备你、抱怨你。我可能认为你们不够好而想改变你们，可是现在，我愿意重新接受这个事实。因为你们这两个特别的人，我才能得到生命，我才能成为现在的我。如果我生在别的家庭，我就不再是我，我就变成了别人。因为你们我才能在这里，不管我们之间发生了什么事，都无法抹杀这个最重要的事实。这对我来说是最重要的一件事。你们给我的是最珍贵的，这就够了。

其他的如果我有需要，我可以从别的地方找到，但只有你们可以给我这么珍贵的礼物——生命。谢谢你们，亲爱的爸爸妈妈，我爱你们。

03

第三章

培养有内驱力的孩子

PEIYANG
YOUNEIQULIDEHAIZI

第一节

动力：孩子充足的成长动能从哪里来

“成功取决于99%的努力加1%的天赋，可是却很少有人记得后面还有一句：然而，天赋比努力更重要。”

发掘孩子的天赋是至关重要的。强迫孩子在自己不喜欢或不擅长的领域苦苦挣扎，即便最终他们能够考入名牌大学，也未必能独立应对社会挑战。不是所有孩子都能按照父母设定的路径茁壮成长。

当孩子被紧绷的弦绑定，生活按照既定步骤展开时，他们往往会变成父母操纵下的傀儡，失去自我控制的能力。孩子内心或许渴望反抗，但父母的严厉和压迫给他们带来了巨大的心理负担，久而久之，他们可能会选择放弃抗争，放弃自我。

分享一个案例，一位母亲给她六年级孩子的零用钱，每天仅限5元，甚至要求孩子将压岁钱也交给她，直到孩子18岁为止。孩子从未真正体验到金钱的价值。

我曾问他有什么理想，孩子说："没有理想。我长大了，有一套小房子、一辆小车子，我能养活我自己就好了，这房子能装一只狗就可以了。"

我说："你不需要赡养父母吗？"

他说："父母跟我讲，等我长大了不要跟他们拿钱就好了，我能养活自己就行，不需要养他们。反正我做什么事情都是被他们控制，我觉得无所谓，我能活着就好。"

他的观点来自父母的观点，他的人生是没有追求的，没有梦想，也没有热爱，因为他的热爱都是妈妈给的。这样的控制性教育会带来一系列的问题，孩子的人格不能自主，没有创造力，更别说有自己的梦想了。

怎样才能让孩子拥有自驱力？

"改变内在的种子，方能绽放生命之花。"若未曾尝试改变心中的种子，不妨心安理得做一株简单的小草。无论是西瓜、稻谷还是蚕豆，种下的种子决定了它们何时萌芽、绽放、结果。

在这过程中，种子的本质显得尤为关键，正如我们在教养孩子时所注入的价值观和信念一样。这些内在的种子，无形中塑造了他们的世界观和自我认识，进而影响他们的成长轨迹和未来。

一个孩子的心灵土壤，既需要营养，也需要阳光，还要有梦想和追求。这些梦想的种子，如同生命中的指南针，指引着他们向着光明和成长的道路前进。

许多人一生平凡，唯独把所有希望寄托在孩子的学业上，这并非因为自身无能，亦非学识不足，而是缺乏梦想。梦想的缺失，意味着缺少了生长的种子；无种子，便无从萌芽。如果孩子没有梦想，不论他在什么时代成长，面对何种环境，周遭条件如何，都难以健康成长。而一旦拥有了梦想的种子，生命方能孕育希望，绽放生机。

种子的成长有哪些规律呢?

1.种瓜得瓜，种豆得豆

我们种下西瓜，一定会收获西瓜，绝对不会种下西瓜而收获青菜。这个道理似乎大家都懂，但很少有人把这个定律运用在生活的方方面面。梦想的种子也一样。我们种下什么，就会收获跟种子相似的结果。我们可以根据结果反推，这样就知道我们需要种什么样的种子。你想要什么，就先种什么，它们是一一对应的。

在不断学习的过程中，我经常带着灿灿一起听课，想要给他播下学习的种子。第一次带他来听课的时候，他在现场坐不住，找各种理由，比如说要上厕所、肚子饿、要看手机等。

但是他记住了舞台上婉琴老师说过的一句话：“让人变得了

不起的一定是梦想！”晋杭老师也说过一句话：“梦想永远不会太晚！”从那以后，梦想的种子就种在了他心里。

维灿在台上自信地演讲

2.果实总比种子要大很多

种子只要停留在潜意识中，就会不断成长。当种子成熟的时候，我们会收获比种子大得多的果实。

所以，不要因为好事微不足道就不去做，也不要因为坏事无伤大雅就轻易去做，也就是“勿以善小而不为，勿以恶小而为之”。随着我一次又一次带着灿灿参加各种课程，我渐渐看到了学习的种子在他心中生根发芽。

到了2020年初，灿灿主动表示想要参加演讲课程。因此，我便带他去了。他在课程中全神贯注地学习了三天两夜。晋杭老师曾经提到，我们的行动不应该只是问题导向的，而应该是机会导向的，应该思考如何为了实现目标而努力。这句话触动了灿灿，他开始理解梦想不仅仅是空想，它需要通过规划和实践来实现。

当婉琴老师强调演讲技巧的重要性时，灿灿决定接受挑战，开始了1000天的演讲打卡挑战，这一行动标志着他追逐梦想之旅的起点。到了2021年，我和他一起深入学习，跟随婉琴老师和晋杭老师深入研究演讲、沟通技巧，并且坚持每日演讲打卡。

通过不懈努力，他不仅坚持了下来，有了耐心，还掌握了演讲的逻辑结构，同时他的写作和演讲能力都有了显著提升。更重要的是，我还带着他开展了演讲力读书会活动，把我们所学的知识赋能给更多孩子，激发他们发现自己的梦想，并勇敢追求梦想。

3.你不种就什么也没有

不播种子，必无果实。播下种子，沉静内心，从小习惯开始，持续奋发，吃得了播种的苦，方能迎来收获的甜。量变引起质变，坚持一个好的小习惯，在不断积累中，终会加深自己的人生厚度。“骐骥一跃，不能十步；驽马十驾，功在不舍。”

曾经我是一个非常懒惰的人，要我每天坚持做同样一件事情那是不可能的，更别说要挑战1000天演讲打卡。

现在通过学习，我明白了坚持是一件非常酷的事情，当你真正想做一件事情的时候，没有什么是你做不到的。你会不知不觉地影响身边的人也想跟你做同样一件事情，这就是坚持的力量。

比如灿灿看到我每天都坚持演讲打卡，他也和我一起打卡。

我完成1000天演讲打卡的时候，也是他打卡的第890天。还记得没有学习演讲之前的灿灿问我：“妈妈，演讲这么难，我能学会吗？”

学习三个月后，他说：“妈妈，我要当着100个人的面做演讲。”

学习半年后，他说：“妈妈，我要当着300个人的面在舞台上演讲。”

学习一年后，他说：“妈妈，我要当着1000个人的面在舞台上演讲。”

直到有次去晋江实验班游学，走进体育馆的时候，灿灿静静地站在万人体育馆中间，他突然说：“我一定要在这个万人舞台上演讲。”确实，心有多大，舞台就有多大。孩子心中的梦想再一次被点燃。

4.种子种下就一定会有结果

种子一旦播种下去，你就无法摧毁它，并且它一定会在某个时机给你结果。

2021年8月27日，是灿灿上舞台以来最难忘的一次，他清楚地记得婉琴老师说过：“你站在这个舞台上，不是为了炫耀自己的，而是为了传播价值给到对方的。”这句话成了激励他学习演讲的动力和使命。

在一次演讲比赛中，灿灿在70个参加光演的同学中入选16强，再进入8强，当公布冠亚季军结果的时候没有叫到他的名字，他特别失落。

我说："宝贝，你此时的感受是什么？"灿灿含着泪水跟我说："很伤心，我已经努力了，但是没有得到奖。"我说："妈妈能理解你此时的心情，换作我也会很伤心，妈妈知道你在这个过程当中肯定是努力付出了，你可以跟我分享一下你做了什么吗？"

灿灿说："我用了3个小时写演讲稿，从7点写到9点；用了5个小时背演讲稿，从10点背到凌晨2点，我很喜欢自己认真努力的样子。"我说："那你在这个过程中又收获了什么？"

灿灿说："我发现自己写稿子的能力提升了，演讲能力比以前提高了……我觉得拿了什么奖不重要，重要的是我成长了，我的演讲可以给别人带来价值，这才是最重要的。我跟昨天的自己比，我就是自己心中的冠军。"

当时我感触很深，孩子的自驱力成长让他每天坚持演讲打卡，突破自我上台演讲，也能坦然接受自己的失败。梦想给他带来了美好和动力，也培养了他的想象力和创造力。

孩子有了梦想，人生才能飞翔。如果孩子的梦想是美好的，他就活在美好中；如果孩子的梦想是伟大的，他就活在伟大中；如果孩子的梦想是无私的，他就活在广阔和自由中。

与其急于为孩子积累财富，不如为他们播种梦想。古人有言："子若强于我，要钱有何用，贤而多财，则损其志；子若不如我，留钱有何用，愚而多财，益增其过。”

如果后代拥有才华和智慧，他们自然能创造属于自己的财富；否则过多的财富只会放大其缺点。我们作为父母，真正应该做的是耐心地为孩子们播种梦想，引导他们追求自己的人生目标和理想。

【觉察时刻】

把梦想具象化

引导孩子将梦想具象化，意味着当愿景开始形成时，抓住那一刹那的灵感，逐步勾勒其轮廓，调整清晰度，直至他们心中浮现出一幅清晰的画面。通过这样的方式，将抽象的梦想转化为具体且可触及的未来景象。

1.鼓励孩子运用剪贴和拼贴的方式，选取并组合他们喜欢的图片，以此构建出年度目标和梦想的视觉呈现。

2.你可以与孩子共同制作梦想板，梦想的范畴可以广泛一些，包括职业发展、亲子关系、财务规划等各个方面。每一个目标都可以通过文字或数字详细描绘，以展现梦想的具体内容和实际可执行的步骤。

在梦想的道路上，让每一个勇敢的尝试成为跳跃的音符，谱写出孩子灵魂的乐章。

第二节

行动：通过 4 步，让有梦想的人生飞翔

“在万物生长的法则中，繁殖只是生命本能的一部分，而真正的教育远超过物质的滋养和身边的陪伴。父母的精神丰富和视野开阔，才是给予孩子最宝贵的遗产。”

在快速变化的信息时代，不仅要跟上时代的步伐，更要学会从错误中吸取教训，明白一切行为最终都会影响到自己，因果相连，无一例外。

教育的真谛不在于传统的灌输，而在于适应时代，提升认知，面对未知的恐惧与挑战。历史上，智者如本杰明·富兰克林

便是通过公开承认自己的错误，启示他人。人生犹如航行于广阔而未知的海洋，只有经历过风浪的船长，才能成为最佳的向导。

我们的生活充满了未知和挑战，但恰恰是这些挑战让我们成长。勇于面对和接受自己的梦想，哪怕是那些似乎遥不可及的梦想，也不应该放弃追求。很多时候，我们最后悔的不是失败，而是没有勇气去追求心中的梦想。

一个调查组和老人院的老人做过一次交谈，他们所调查的内容是：你已经90多岁了，接近人生的终点，这一生你最后悔的是什么？令人吃惊的是90%的回答是一样的，他们的回答是：我有恐惧，不敢追求我的梦想。

我们也要借此来自查一下，看看我们是否也有这样的问题，甚至根本没有想过自己的梦想。有人会说我都不知道我的梦想是什么，或者说自己没有时间去实现，还有人认为自己实现不了大梦想。

格西老师说我们的意识里面有限制，或许我能赚到1000万或者5000万，但是同样的种子其实能让我成为亿万富翁，所以我们要去追逐大梦想。

梦想，是我们命运的种子。就如同大梦想携带着参天大树的蓝图，小梦想承载着细小草丛的轮廓。无梦想则如同石头，永远不知生长。为何种子能发芽？因其内藏着生命之梦。楠木的种子梦想着长出粗壮的枝干与繁茂的叶片；鲜花的种子则梦想着绽放出芬芳与美丽。

真正能促使孩子成长的，不在于外力的推动，而在于释放内心的束缚，点燃他们心中的“引擎”，让梦想之花在他们心中自由生长。

面对许多孩子对“梦想”一词的茫然，我在想如何引导孩子发现并追寻他们的梦想。于是，我采取了四步实践法，助力孩子走向他们的心之所向。

1.目标：设定清晰的目标，希望我的孩子们拥有梦想

2.同伴：找到和你一样想要同样东西的人，找到同样缺少梦想的孩子们

很多孩子对梦想是没有概念的，我在做“金刚少年·情绪拆解”夏令营的时候，发现很多孩子没有梦想，于是我们设计了很多活动。

3.帮助：通过各种活动，让孩子们知道梦想在人生中的重要性，让孩子们拥有播种梦想的能力

大梦想如同汇聚成河的众多小梦想之水滴，目标之岸是其果实之所在。想要收获满满的成果，我们必须在旅途中恰当地耕种播种。课程中，我们会分享种植梦想的方法与技巧，赋予孩子们追逐梦想的力量。

例如，晓琴老师通过一个充满寓意的实验游戏，引导孩子们体会时间的宝贵。在这个游戏中，乒乓球象征着我们的梦想，珠子代表每天需要完成的重要任务，而沙子则是日常生活中的琐事。如果我们将时间花在琐事上，那么重要的事情和我们的梦想就难以实现。

因此，我们需要将那些伟大的梦想放在心中，让它们成为引领我们的灯塔，帮助我们合理规划并优先处理每一件重要的事情。人生有限，时间对每个人都是公平的。在这有限的时间里，如何度过自己的一生，是我们每个人都必须思考的问题。

特别是对小学即将毕业进入初中的六年级学生来说，制作梦想板显得尤为重要。通过设定五大领域的目标，帮助孩子们清晰规划每一步怎样落地实践，然后选择与心中理想相符的图片粘贴在梦想板上。这些画面不仅能够激发孩子们实现目标的渴望，还能够在他们心中种下与梦想相匹配的新种子，引领他们走向成功。

4.冥想：想象他们有多开心

晨练带入瑜伽、冥想，两者结合可以非常好地帮助孩子专注呼吸，专注意识，让身体和心灵变得安静和平和，身心愉悦地进入课程。

同时我也经常会冥想，孩子们在一步步践行自己的梦想时，有多欣喜。

经过实践，我发现我身边的孩子们都拥有梦想。小儿子灿灿曾说：“我的梦想是成为一位高维度、知名的演说家和钢琴家！”我问：“那怎样才算是高维度？”

他说：“这个你也不懂啊，一楼看到的是地板、蚂蚁、蟑螂……一百楼看到的是全局风景，所以你的选择就决定了你能看到的维度，这就是高维度思维！”我说：“梦想是梦中想的吗？”

他说：“当然不是，梦想是心中所想、行动所行。制定目标，每天努力，每天坚持，才能真正实现。就像我要成为演说家，就得每天大量看书阅读+视频打卡，今天是我挑战1000天打卡的第254天了，这就是梦想的驱动力——目标效应。”

听了他的话，我很欣慰，有梦想如果不肯努力，再宏大的目标也不过是一个脱离实际的单纯的梦想而已，只有努力、坚忍不拔，才能实现有价值的目标和梦想！

梦想是属于孩子自己的，不是属于父母的，我们最多提供一些建议，而不能替他们做决定。

【践行时刻】

钻石四步骤制定目标

在我们追求幸福和成长的旅程中，觉察并践行自己设定的目标是至关重要的一步。钻石四步骤提供了一个清晰的路径，可以帮助我们将这些目标转化为行动，并最终实现。

步骤一：用一句话说出你最想要的目标

①明确目标：我想要一个有自驱力的孩子（写出孩子的品质是什么）。

②动机管理：为什么要培养一个有自驱力的孩子？

③种子清单：自驱力的孩子需要种什么种子（比如智慧、自律、主动、积极、感恩、时间规划、条理等），种子清单能让你明确耕种的方向，前面我们讲了“种瓜得瓜，种豆得豆”，所有的事物都是我们的种子创造出来的。所以，首先你自己得成为这样的人，然后再种这样的种子，才会看到有自驱力的孩子。

步骤二：拟定计划去帮助他人

①种子伙伴：找到一位和你有相同目标的人。

②慷慨付出：无条件地帮助他。

③纯粹动机：无须要求对方回报我。

步骤三：执行帮助他人的计划

①付出实际行动：约上你的种子伙伴，到一个温馨的咖啡店或者适合谈心的地方，一周见一两次面，一次花一两个小时去陪伴他，帮助对方解决问题。

②用心专注陪伴：在陪伴的过程中不要说无意义的言语，不要一味地只讲自己，或者不停地玩手机，这些都无法种下专注的种子。要多倾听对方内在的声音，多赞美、鼓励对方。同时可以用笔和纸记录对方的需求，给予智慧引导或建议。

③坚持去做：很多人因为过于繁忙，无法做到持续陪伴。这里我提供一个方法，如果你确实太忙，无法做到线下陪伴，那么你也可以选择线上陪伴，去跟他多沟通和协助，这样种子也会更加强大。

步骤四：咖啡庆祝（用喝一杯咖啡的时间去冥想）

①洗完澡后找到轻松愉悦的坐姿，或者躺在床上，怎么舒适怎么来。

②想象目标达成的画面。

③为目标种下了哪些好种子。

- 帮助他人的事情（你帮助这位种子伙伴开心美好的画面）。
- 感恩他人的事情（今天最值得你感恩的人）。
- 点赞他人的事情（为你的付出，或者他人成功喜悦的事点赞）。

④种子发送。

- 发送给种子伙伴。

• 发送给自己的目标。

• 发送给全世界。

⑤动机：愿所有人都能通过四步骤实现自己的目标和梦想。

睡前回想做过的好事，会让你的意识处于愉悦放松的状态。咖啡庆祝是需要刻意练习的，它可以给你的好种子浇水施肥。

最后，要通过冥想和想象来强化你的行动。想象你和你的种子伙伴达成目标时的喜悦和满足感，这种正面的情绪能够增强你的动力和决心。每天花几分钟时间，闭上眼睛，深呼吸，将自己投入那个充满成就感的场景中，感受那份喜悦和满足。

通过持续践行钻石四步骤，我们不仅能够实现自己的目标，还能在此过程中建立起一种积极反馈的循环，不断地帮助他人，内心会充满成就感。这是一个既能带给自己成长和进步，又能增进与他人关系的美好循环。最终，我们会发现，在这个过程中，我们所获得的，远远超过了预期。

第三节

语言：父母正向沟通，孩子会更合作

“父母是孩子生命中最重要的催眠师，你可以成为非常成功的正向父母。”

你有没有留意过自己对孩子说了什么？是鼓励还是批评？这需要我们去细心觉察。

我遇到过一位学员，她的孩子经常表现得很害怕，不敢单独待在房间里，每到一个新环境都要父母陪同。我建议她检视自己的言语，反思是否曾以恐吓的方式影响过孩子。

她回忆自己哄孩子入睡时常说“不听话警察就来抓你”“不睡觉老虎会来咬你”等，这样的恐吓让孩子生长在恐惧中，导致长期的焦虑。

她逐渐意识到，这样的处理方式源自她的家庭影响，她是从父母那里学来的。认识到我们的恐惧和情感模式有着世代传递的根源，才能明白孩子的行为其实与我们的恐惧无关。

随着对这些恐惧的觉察和理解，我们可以看到父母的行为也是他们自身经历和恐惧的反映，他们的方式并无恶意，那是他们所能给予的最佳尝试。

通过勇敢面对，我们能让恐惧逐渐消散，而逃避或否认只会强化恐惧。《非暴力沟通》提醒我们，尽管我们可能不认为自己的言语有害，但它们往往会给我们和他人带来痛苦。

学员后来感激地分享说，是我帮她意识到了这个问题，让她了解到自己的言语对孩子产生的影响。当我们明白自己在说什么时，我们就能更好地建立亲子关系。

很多时候，我们难以察觉自己的言语是如何影响孩子的，因为我们沉浸在自己的世界中，难以理解孩子的感受。每天对我们而言可能是琐碎的日常，但对孩子来说，他们的世界充满了无限的想象和活力，他们总是活在当下。

所以，我们要尽量避免使用以下三种表达方式。

第一，否定

在辅导孩子写作业时，很多家长常会不经意地发出批评："怎么还不写作业，总是拖拖拉拉。""这个不是教过很多遍了吗？""你怎么这么笨？"这样的言语忽略了孩子的年龄和个性差异，错误地以成人的标准要求孩子，未考虑到孩子在学习过程中面临的各种挑战，如力量控制不足、精细动作发展不够等。

这类急切的负面评价，不仅使孩子自我怀疑，还令他们长时间处于“爸爸妈妈会不高兴”的焦虑中，培养出“我很笨”的负面自我认知，这无助于孩子的积极发展。

随着孩子渴望独立和自尊的增强，他们期待被尊重和被理解，这种沟通方式只会让孩子逐渐不愿意与我们沟通。

第二，反问

“这么容易都会错？”“快点，要迟到了”等类似的反问和命令言语大多带着责备和阴阳怪气的味道，没有人喜欢被责备的感觉。命令，会激起孩子的逆反心理。

在孩子长大的过程中，对独立性、自主性、自尊感的需求会越来越强烈，孩子希望得到尊重，希望自己有选择的空间。如果我们经常命令或反问孩子，孩子会越来越不愿意跟我们沟通，而且在孩子的心里，自我价值感和配得感也会很低。

第三，怀疑

不被信任，在任何一种关系里，都会产生一种被羞辱的感觉。很多时候，我们张口就来，都不知道自己在说些什么。

“这次考这么好，是不是题目太简单了。”

“又跟别人打架，是你先动手的吧？”

这样的话一出来，孩子本能地就会想反抗。所以遇到事情，先问问孩子发生了什么，了解了孩子真实的困境，才能帮助孩子找到解决问题的办法。

没确认发生的事，不要乱说。永远都不要低估你的话对孩子一生的影响力。多觉察自己的语言表达方式，你可以写一本语言觉察记录日记，专门写自己今天说了哪些言语，当你留心自己说过的话的时候，觉察就会发生。

应当如何建立与孩子的正向沟通呢？

一、准备：觉察能量

当你没有能量的时候，请不要跟孩子沟通，因为当你能量低的时候，和孩子说什么都是不对的。没有能量的时候，可以做积极的正向表达的心理暗示，用正向的频率进行表达。

比如，我是自信的，我可以勇敢表达自己的想法；我值得拥有世间的各种美好，包括甜蜜的伴侣、充满价值的工作、更好的收入；我可以和别人轻松愉快地相处，我可以正向影响周围的人；我喜欢笑，我笑起来很好看；我值得拥有更多的财富，我喜欢财富，财富也喜欢我。

当你能量满满的时候，你会发现说出来的话自然会滋养孩子的心灵。

二、转变：柔和的语言

多跟孩子说柔和的语言，目的是同理孩子的感受。无论你的孩子是多大，请你回到那个年龄，感受这个年龄的孩子到底想要干什么，想要做什么，想要说什么，你懂得这些，才能与孩子有同理的方向。

比如，孩子6岁的时候，看到水洼便去踩水，他在感受大自然，他在感受水和水的声音。如果你不理解，就会说“别踩，鞋子弄湿了”。如果带着同理心，你就能够理解孩子为什么会踩水，这就是同理心的重要性。

三、放下：不要自责和内疚

随着我们摆脱从上几辈人那里流传下来的恐惧的桎梏，用正向的语言取而代之，我们不仅解放了孩子，也解放了我们自己。如果我们能成功做到，就可以享受自己和孩子人生中的无限可能。

可是我们不可能一天24小时都处在觉醒的状态，负面言语总会脱口而出，这个时候我们要做的不是怪罪自己为什么没有做到正向表达，而是要给自己更多的宽容，鼓励自己“我已经觉察到了，我要做出改变”。

通往觉醒的道路从来都不是平坦笔直的，路上坑洼不平，阻碍重重，甚至还有坍塌路段。只要我们的方向是向前的，我们就可以踏实地活在当下。

【觉察时刻】

书写时刻

每日抽出10分钟，记录和反思自己内心的真实感受，这是一种简单却极其有效的自我疗愈方式。这不仅是自我倾听的过程，更是一种与内在深度对话的机会。在这段时间里，你不需要担心文字的表达是否精准优美，重要的是让心灵得到释放，让情绪有一个流动的出口。

让写作成为一面镜子，映照出内心的波动和深处未曾触及的角落。通过文字，我们可以更直观地看到自己的情绪变化，理解引发情绪的根源，从而学会更好地管理和调整情绪。在这个过程中，尝试以更加客观和宽容的视角去审视自己的行为和语言，引导自己的情绪向更积极的方向转变。

此外，这种写作实践还能增强自我觉察能力，让我们在面对日常生活中的挑战时，更加从容不迫，以更健康的方式应对压力和冲突。这10分钟的投入，不仅是对自己的一个礼物，也是对周围人的负责，因为只有当我们处于更平和的状态时，才能更好地与他人交流和相处。

第四节

感受：热爱是获得成功的驱动力

“追随你的热爱，它会引领你至生命的花园，那里每一朵花都诉说着你的传奇。”

一个妈妈未征得孩子的同意，为他的孩子报名参加学校的阅读比赛。孩子表示不愿意参加，但妈妈坚持“你必须学习演讲，你必须参加”，认为这是学习的一部分，孩子无奈，只得勉强参与。

这位学生向我分享了自己的心情：虽然明确反对，但感到妈妈的强制让他十分难过，觉得被深深伤害，无法理解妈妈的做法。他希望妈妈能离他远一些。他告诉我，他期待妈妈能更理解和尊重他，与他交谈时能更温柔一些。

听完他的经历，我能感觉到他内心的恐惧。他不敢反抗妈妈，选择关闭自己的心，默默顺从。即使对阅读没有兴趣，妈妈的强迫“不喜欢你也得给我看”，迫使他不得不阅读，尽管这种阅读只是走马观花。妈妈甚至限制了他使用手机的时间，几乎剥夺了他的选择权，规定他直到18岁才能自主决定生活。

因此，孩子感觉自己的生活完全受到妈妈的控制，认为自己已失去了表达自我和做出选择的能力。这使他对自己缺乏信心，行动缺乏决断力，因为恐惧犯错。

他觉得这个家缺少温暖和安全感，渴望逃离。他常说，等到长大后，自己就能获得自由。显然，尽管这位妈妈意图是好的，但她的做法却与培养孩子的热爱和自主性背道而驰，结果反而让孩子感到更加沉重。

在这样的家庭环境下，孩子心中种下的是恐惧和束缚，而非成长和自由的种子。这种教育方式虽源自爱的本意，却造成了孩子内心深处的创伤，他们的世界因此变得狭窄，视野受限。

从案例中，我们看到一个悲剧的循环：一位怀有良好意图却误入歧途的母亲，和一个对未来充满渴望却又感到束缚的孩子。在这样的情境下，如何转变教养策略，培养孩子的正面能量和自我肯定，成为一个急需解答的问题。幸运的是，现代心理学和教育理论为我们提供了新的视角和方法。

《让孩子的优势被看见》里说：关注负面能让我们在危急时

刻幸免于难，而关注正面却能让我们在更多时候大放异彩。过去30年的研究清楚地表明，对儿童和成人而言，从优势出发的教育方式或生活方式，有如下益处。

- 在学校的幸福感和参与度更高。
- 从幼儿园到小学，从小学到中学的过渡会更加顺畅。
- 有更高的学术成就（在高中生和大学生中都有同样的发现）。
- 在工作中的幸福感更高。
- 更有可能坚持工作。
- 工作表现更佳。
- 更有可能长久维持一段婚姻，对自己的婚姻感到满意。
- 身体更健康，生活习惯更健康（如合理饮食、定期体检）。
- 病后恢复得更好。
- 生活满意度和自尊心水平更高。
- 抑郁的可能性更低。
- 更能面对压力和逆境。

理性地说，我们都知道的确存在比旧的关注负面的模式更好的养育方法，在对孩子大发雷霆以后，我们都会深感不安：为什么我不能用更积极的方法来处理问题？

那么如何开始我们的优势教养呢？

1.支持

想想孩子一天当中参与的诸多活动中，哪些活动可以用来培养他的注意力，帮助他发展优势。关键在于，你要换一种眼光看待这些活动，化“绊脚石”为“垫脚石”。

无论是学习、玩耍还是家庭责任，每一项都蕴含着培养注意力和发展个人优势的潜力。关键在于我们如何以一种新的视角来理解和利用这些活动。例如，游戏或户外探索活动可以培养孩子的好奇心和探索精神，这不仅能够增强他的观察力和注意力，还能帮助他学习新知识。

同样，家务劳动也可以成为教育的机会。适当的家庭任务不仅能够培养孩子的责任感和自理能力，还能培养团队合作精神和时间管理能力。将这些看似平凡的活动转化为孩子成长的助力，这既是一种教育的智慧，也是亲子关系中的一种艺术。

2.欣赏

欣赏事物的过程也可以培养注意力，使孩子更容易注意到当下的人和事（包括孩子和你自己身上）的积极方面。

欣赏还可以增强幸福感，催生积极的情绪，提高生活满意度。孩子的一天里很可能会有许多美好的瞬间，拿出一张纸，写下值得欣赏、回味的事情，不用花太多时间想，只要列出那些让人觉得精神为之一振的事、让人会心一笑的事、让人备受鼓舞的事就可以。

3.感恩

优势教养本身就要求你表达对孩子的欣赏，这有助于教会孩子欣赏别人身上的优点。

这三种优势教养方式不是单独存在的，可以组合起来一起用。分享一个我和灿灿的小故事。

有一段时间，灿灿生病请假在家，我全程陪护。昨天晚上，灿灿在看书，我刚好录完喜马拉雅音频。灿灿突然告诉我："妈妈，我刚刚听到你有两个字发音发错了。"

我说："你太棒了，这也给你听出来了，不愧是未来的知名演说家！"灿灿说："真的吗？我哪点棒呢？"灿灿的这个问题，引起了我的思考。"太棒了"这三个字，不足以让他看见自己的价值。

我需要让他知道，他的贡献具有怎样的意义和使命。于是，我说："宝贝，你是未来的演说家导师，你有什么方法教我纠正发音呢？"

"上次在课堂上，你朗读绕口令《八棱八角树》，你还教会了我‘棱’是多音字，可以读l í ng或l é ng……”我说：“我又学习了新知识，谢谢儿子哦。”灿灿得意地笑了笑，说：“妈妈，发音错了没有关系，我来教你，我们一起来学习吧！”

我们给孩子反馈什么，什么就有可能成为孩子生命中的“实在感”。孩子体验到了“实在感”，慢慢地就会发现这件事背后的意义，并找到自己的使命。

有一次，灿灿为了写一篇演讲稿，从开始到完成再到完善，足足撕掉了14张草稿纸。

我说：“宝贝，写不好没有关系，写错一个字也没有关系，不要再撕纸了。”

他说：“妈妈，我是不会放弃的。”我第一次看到他这么认真地做一件事，看到他为了实现他未来的梦想而这么努力，我鼻子有点酸酸的。

看到灿灿在语言上的优势后，我欣赏并鼓励他，与他共同成长。孩子也潜移默化地被熏陶了，有了成长的动力。

很多时候，天赋不是我们刻意追寻到的，而是自然而然出现的。

【分享时刻】

灿灿的日记

今天是个特别的日子，我从学校兴高采烈地回到家里，妈妈说："宝贝，你有一个礼物，你猜猜这是谁给你的礼物?"

我带着惊奇的语气问："是我的偶像晋杭老师吗?"

妈妈说："是的。"

这是我用努力得来的礼物，是用钱买不来的礼物，是我心中最美好、最珍贵的礼物。妈妈拿来了我期待已久的礼物，原来是个音响，我会好好珍惜的。每次看见老师送给我的音响，我就会想起我要努力坚持打卡到1000天。

我的梦想是成为晋杭老师那样的人，因为他在用自己的生命影响别人！晋杭老师说过："我最大的愿望是我的学生超越我。"所以将来我要超越晋杭老师，像晋杭老师一样去帮助更多的人实现梦想！

第五节

陪伴：放养，放的是孩子的思维，养的是孩子的习惯

“个体只有在自由选择的环境中，才能最大化发挥其潜力。”

真正的陪伴，是一种细腻而深远的爱的表达。它不在于严格的控制，不在于对孩子的不断指责和束缚，而在于如何在自由与引导之间找到平衡。如果我们的陪伴变成了一种压迫，那么这种陪伴不仅无效，反而会逐渐削弱孩子与我们之间的情感联系。如同一把双刃剑，我们的好意可能会适得其反，最终伤害了那份珍贵的亲子关系。

陪伴的真谛，在于希望孩子在不经意间学会独立，养成良好的习惯。当我们不在他们身边时，他们仍然能够自信地面对世界。

这样的陪伴，充满了温暖、爱和智慧的引导，而不是无休止的责备和控制。

我们在孩子成长的过程中充满期待，希望孩子坐姿端正，不乱动。当这些期待变成负担，当我们的唠叨和叮嘱让孩子感到窒息时，我们需要问自己：这样的陪伴，究竟是为了谁？不仅父母会因此感到疲惫不堪，孩子也会在这样的环境中感到沮丧和绝望。

“陪着”和“陪伴”是两个不同的概念。陪着意味着你在控制，孩子将失去自主权，就像牢笼里的囚犯，你就是牢狱的狱长。长期处于这种环境下的孩子，可能会变得过分依赖，缺乏自主能力，在未来面对人生重大抉择时，往往会退缩，缺乏安全感，不敢迈出决定性的步伐。他们可能在人生的长河中，失去了那份掌握命运的勇气，成为他人眼中易于操控的“猎物”。

从动物的角度来说，放养的动物往往更为活泼、敏捷，具有更强的生存能力。育儿也是一样。高效的育儿是通过高质量的陪伴，既给予孩子必要的引导和支持，又留给他们足够的空间去探索、去学习。育儿应当“抓大放小”，既要把握住关键的育儿原则，又要给予孩子成长和探索的空间。

那什么是猎物呢？这里我要跟大家分享“圈养动物”与“放养动物”的思维差异。圈养动物，是指那些长期生活在笼中的生灵，它们依赖人类提供的食物生存，其饮食习惯完全受到人的操控，缺乏独立获取食物的能力。

反观放养动物，它们必须依靠自身的能力在森林或公园中寻觅食物，这样的生活方式促使它们不仅能够自给自足，还能够在自然的挑战中磨炼出敏锐的思维和强大的抗挫折能力。放养的动物，依靠本能与学习，自由地探索世界，寻找它们所需的营养，从而在漫长的自然选择中，形成一种独特的生存智慧。

育儿也是一样。高效的育儿要真正做到高质量的陪伴，抓大放小，把握一个原则，给孩子一个空间。

真正的放养，放的是孩子的思维，养的是孩子的习惯。思维决定孩子的人生高度，习惯决定孩子的独立能力。“陪着”意味着你的孩子会成为圈养动物，圈的是孩子的固执，养的是孩子的坏习性。

若孩子在家庭环境中，长期被严格地规训，每项任务都由你安排，且必须依照你的方法执行，则当孩子未能遵循这些指令时，便会遭遇批评、责备，甚至在犯下严重错误时，要面对你的怒吼或更严厉的惩罚。这种负面的行为和沟通模式，往往会导致孩子发展出两种极端的反应。

一种是变得过分顺从，如同被彻底驯服的动物，外表看似温顺，实则是被不良习惯所束缚。这样的孩子逐渐失去了自己的判断力，认为不论怎样尝试，父母总会找出错误，因此选择了无所作为、默默顺从的生活态度，长此以往，他们的自主能力将会大大被削弱。

另一种则是形成叛逆性格，与你的期望抗衡，你的每句指令可能会遭到他们10倍的反抗。长期的管制使得这些孩子变得极为固执，仿佛被束缚在原地，无法自由成长和变化。

你想拥有一个优秀的孩子，首先得明白圈养动物和放养动物的教育理念差别。可放养对孩子有什么好处呢？这里我要强调放养并不代表放纵或者放弃这个孩子，而是我们需要运用正确的方法去引导孩子。

如何做到呢？

第一，培养独立思考的能力

放养式教育鼓励孩子自主探索世界，面对问题时，父母不是立即提供答案，而是引导孩子如何寻找解决方法。这种方式能够帮助孩子学会独立思考，培养解决问题的能力。

培养孩子独立思考的方法，第一步就是“别乱给孩子拿主意”。在孩子的大脑完全发育之前，也就是15岁之前，所有的父母都一样，事实上在越俎代庖地完成自家孩子原本应该自己完成的工作。虽然这是不得已的事情，但还是讲究方法的，做错了一丝一毫，都可能彻底改变孩子的人生轨迹。

人生中真正非常重要的决策总共也没几个，无非是升学、求职、成婚、生子。所以第一原则很简单：尽量让孩子自己决定。父母直接做出的决定，其实对孩子来说都是被动的，都是在剥夺他锻炼判断力的机会。缺乏主动性的孩子，未来是非常危险的。如果看到孩子的决定有问题，可以教他决策的方法，为他提供更多的角度和根据，而不是“替他做决定”。

所以，在孩子自己拿主意的时候，我们要为他提供两项帮助：想办法向孩子提供更多的判断依据，想办法让孩子分析出更多可能的后果。

例如，当孩子遇到学习上的困难时，父母可以一起讨论问题所在，但最终让孩子自己找出解决办法。这样不仅能够提升孩子的自信心，也能让他们在未来遇到难题时能够勇敢面对。

第二，增强自我驱动力

在放养式教育中，孩子被给予选择权，可以根据自己的兴趣和喜好进行活动和学习。这种自主选择的过程能极大增强孩子的自我驱动力。比如，父母可以提供多种课外活动的选择，让孩子根据自己的兴趣去选择，而不是被动接受父母为他们安排的课程。这样的孩子在长大后，更容易找到自己的热情所在，并愿意追求自己的梦想。

第三，培养孩子的社交能力

在智能时代，社会越是发展，孩子和真实社会打交道的能力就越重要。社交能力是获得幸福感和满意度最关键的能力。学校是孩子锻炼社交能力的最佳场所，社交最重要的底线之一，是“不招人厌烦”。

“不招人厌烦”很重要的一项原则是：优先关注他人的“优点”而不是“缺点”，“缺点”可以暂时放一边。家长与孩子最有价值的交流就是与孩子讨论“别人都有哪些优点？”“那些优点的好处和来历是什么？”“我们要怎么做才能具备同样的优点？”“为什么关注对方的缺点我们得不到任何好处，甚至还可能因此吃亏？”。

尤其重要的是，要跟孩子讨论并研究“他们不喜欢的老师”的优点。就算老师再差，也很难对一个孩子心存真正的敌意。可是，如果孩子没有我们正确的引导，一定会“用他人的错误惩罚自己”。

要知道，“优先关注他人优点的人”很难被别人讨厌。

通过这样的教育方式，我们不仅能够帮助孩子建立独立思考的框架，增强他们的自我驱动力，还能培养他们的社交能力。这些能力将成为他们人生旅途中最宝贵的财富。

正如我们所强调的，真正的陪伴是放飞孩子的思维，让他们养成好习惯。我们的目标不仅是培养孩子应对学业的能力，更重要的是让他们拥有面对各种挑战的勇气和智慧。

【觉察时刻】

陪伴反思日记

每天晚上，花10—15分钟记录当天的教育互动情况。主要关注以下三个方面。

独立思考的培养：今天我是否给了孩子足够的空间和机会来独立思考和解决问题？我是如何引导他们自己找到答案的？

自我驱动力的激发：我今天是否支持孩子按照自己的兴趣进行学习和活动？孩子展现出了怎样的自我驱动力？

社交能力的培养：今天孩子有没有机会与人交往？我如何引导他们观察和学习他人的优点，建立积极的人际关系？

第六节

困局：孩子爱玩游戏，是因为你不好玩

更好的办法是让他改变玩游戏的态度，带着提升自我的目的去玩。我们可以问他这样几个问题：你最喜欢玩什么样的游戏？这款游戏让你更擅长什么事情？日常生活中有哪些地方能运用相同的技能或天赋来解决问题？

——《游戏改变人生》

在忙碌的生活中，不少家长因缺少时间陪伴孩子而选择让他们玩手机来“自我安慰”，误以为这是解决孩子瞬时需求的简单方法。然而，孩子的根本需求是什么呢？是在与父母的亲密互动中感受到爱与关怀。

而当手机成为孩子的临时玩伴时，屏幕上无尽的信息不断吸引孩子的目光，碎片化的内容干扰了孩子健康的神经发展，进而影响了他们对生活的认知和价值观。

这种依赖随着孩子成长，往往演化为家长的困扰。“孩子沉迷游戏怎么办?”限制孩子，孩子可能会情绪失控，用沉默或抗拒的方式反抗；纵容他们，孩子可能手机不离手。

那么，孩子为何会对游戏如此痴迷？原因复杂多样：可能是因为缺乏父母的陪伴，可能是因为家庭监管的松懈，抑或是因为孩子在现实生活中受到批评过多，交友困难，而在虚拟世界里能获得认同感和归属感。

要真正解决孩子的游戏依赖问题，首先需要理解背后的原因。未经理解而直接责备孩子，只会使问题恶化，让我们陷入受害者的思维陷阱中。

国际知名游戏设计师简·麦戈尼格尔在《游戏改变人生》这本书里认为，关键不在于你玩哪款游戏，或者你花了多少时间玩游戏，而在于你为什么玩游戏。你玩游戏是为了逃避现实生活，还是为了让现实生活过得更好。

麦戈尼格尔说，虽然几乎所有的玩家在玩游戏时都体验到了深度沉浸，但事实上，沉浸有两种：自我抑制式沉浸和自我扩展式沉浸。

自我抑制的时候，你会努力避免糟糕的想法、感觉和体验。你在回避，而不是追寻。尽管这不是一种很健康的心理应对机制，但几乎每个人都时不时地自我抑制。比如，有人会花很多时间看电视来自我抑制，因为自我抑制可以从精神上帮我们屏蔽想要逃避的现实。

而在自我扩展的时候，你想要的是努力促进积极的想法、感觉和体验。虽然自我扩展同样暂时忽略了现实生活，但当你自我扩展的时候，你在建立自信和自我效能。你把最喜欢的休闲活动当成了能让自己变强、让生活得到改善的强力工具，而不管它是游戏、运动还是其他消遣。如果你在休闲时间里创造了积极的想法、感受和体验，就会更愿意为挑战日常生活投入精力和创造力。

如果你玩游戏是为了逃避现实，屏蔽不愉快的情绪，恐怕就很难把游戏技巧转换到现实生活中。而如果你在玩游戏的时候，处于一种自我扩展的心态，游戏会更有可能带来积极的结果。

如何用游戏来正确引导孩子，建立孩子的自信？

很多人一直认为爱玩游戏的孩子是不爱学习的差生，那我们可以去看看游戏在我们的学习和生活中带来了哪些好处。

首先，游戏能显著提升注意力。研究指出，通过玩第一人称射击游戏，玩家在注意力持续和分配上的表现更加出色。

其次，游戏为玩家提供了压力管理的实践场景，帮助他们在现实生活中更有韧性地面对挑战。

再次，游戏中复杂的目标设定和实现过程，能够培养孩子的目标规划能力。

此外，游戏还是一个社交的平台，通过与他人的互动合作，增强了玩家的社交技巧。我的大儿子维泰就是一个例子。作为一个游戏爱好者，我通过参与他的游戏世界，尝试理解并发掘他的潜力。

我发现，游戏不仅是他逃避现实的手段，更是他表现领导力、组织协调能力的舞台。在游戏中，他的组织才能得到展现和认可，不仅使他在虚拟世界获得了成就感，也增强了他的自信。通过共同游戏，我深入了解了孩子的内心世界，也找到了与他沟通的新方式。

后来他的游戏排名在惠州地区排第1名，他也经常跟我分享游戏里的趣事。游戏里经常会做一些角色转换，我在角色转换中看见了他的担当。为了进一步把游戏中的能力运用到生活中，我开始慢慢引导他："妈妈看到你在游戏里玩得很开心，你有能力去控制游戏，而不是你被游戏控制了，是不是啊？"

"是的。"

"当你学会了编程的时候，是不是可以编游戏给别人玩？你可以掌控游戏，你的人生是掌握在你自己手里的，而不是被游戏掌控？"

维泰点了点头，我继续说："你是不是可以编写软件、小程序、电子游戏给别人玩，给别人带来开心快乐呢？你也可以编写一些有意义、有价值的游戏，对不对？"

他觉得挺好的，于是我带着他学编程，学编程的时候他觉得找到了他的热爱。他送给我的第一份礼物，就是通过编程完成的，里面有我的照片、音乐。我的内心很受触动，感慨孩子真的可以把游戏里的技能运用到生活中了。

有一次，维泰跟我分享说这次编程比赛他得了三等奖，入围了。他牵着我的手很开心地跟我说："妈妈，真的想不到我能得奖，这要感谢你对我的支持，我本来是想放弃的。我觉得这次编程比赛挺难的，里面涉及很广泛的知识，不仅有编程的专业知识，还有法律知识、奥数知识、生活中的知识、历史知识、哲学知识……很多我都不懂，压根儿就不想去比赛，但是你一直鼓励我参加这个比赛，而且很肯定我能入围拿奖，如果不是你，我都不知道我具备这种潜能。"

我衷心感激自己当时没有对他玩游戏持否定态度，而是选择了陪伴他进入游戏的世界，这让我发现了他的优势。通过持续不断的肯定、认可、鼓励以及无条件支持，他在自己热爱的领域里不仅坚持下来了，还在世界奥林匹克竞赛中荣获省级奖项。在追求梦想的道路上，尽管有过想要放弃的念头，但他的梦想——成为世界顶尖的编程高手，最终让他坚持了下来。

令人欣喜的是，他的学业成绩也因此得到提升。编程不仅要求精通代码，而且在学习代码的过程中还必须深入理解数学，这自然提高了他的数学能力。同时，由于编程中不可避免地会接触到英文，他也因此提升了英语水平，英语成绩大幅提高。

通过游戏，我们可以促进孩子的自我拓展，引导他们产生积极的思维、情感和体验，从而建立起自信和自我效能感。只需用心，任何一个孩子喜欢的游戏都能成为促使他成长、改善生活的有力工具。

【分享时刻】

维泰2020年11月9日的日记

每个人心中都有自己的梦想，当这些梦想聚积于一处时便组成了一幅五彩缤纷的画卷。所谓“人各有志”，梦想不同，奋斗的目标也就不同。梦想都是不平凡的，它是我们前行的力量，每个人都会为这个梦想去努力，去拼搏……我的梦想是成为一名国际顶尖的软件工程师！

从小妈妈就经常跟我讲，在高科技现代社会，人工智能的时代，要学会一技之长！

妈妈从小就在我身上挖掘特长，妈妈发现我特别喜欢玩手机、电脑，她说：“既然你那么喜欢玩游戏，你有本事就自己编游戏。”

我心想那不是更好吗？顺着妈妈的意思，到时候自己编更多的游戏，不是可以玩得更开心吗？

我告诉妈妈：“要不，你就给我报个编程课，我会努力学习的！”妈妈答应了。就在我读三年级的暑假，妈妈在我们家附近给我报了一门小码王编程课，我开始走上编程之路。

记得一开始我非常兴奋地到了教室，心情就像吃了蜂蜜一样，甜滋滋的。第一次课程，老师讲解什么是Scratch开发软件基础的时候，我开始感到很枯燥无趣，老师为什么不直接教我们编游戏呢？

于是我回到家告诉妈妈，我不想学，太无聊了，跟玩游戏比起来很无聊。话还没说完，就被妈妈训了一顿。无奈之下，我只能乖乖去上课。

记得开始爱上编程就在母亲节的时候，老师为了提高我们的开发创造能力，让我们编一段拖积木块的视频，要运用软件里的部分功能，要有动画的效果，要录制音频，还要配上动听的音乐，并附上祝福语，形成一段非常温馨的母亲节祝福视频，瞬间我觉得自己很有成就感。

我和大儿子维泰

当我把这段祝福视频发给妈妈的时候，妈妈打开视频，看到温馨的画面，听到我的祝福语，非常感动。从这时开始，我真正对编程产生了兴趣，开始心怀梦想。

编程能力成为人们适应未来的一种不可或缺的能力，及早具备相关能力，必将赢在IT互联网时代的起跑线上。在未来社会中，没有一个职业不涉及软件和电脑。因此，编程将成为人们必须掌握的核心技能，是工作和生活的必备能力。

我的梦想是好好努力，把编程软件学到极致，将来成为一名利他人、利社会的软件工程师。这是我的梦想！

04

第四章

父母的觉醒之路

FUMUDE JUEXINGZHILU

第一节

看见：看见生命本身的丰盛

“最后你终将明白，你身外的一切人、事、物，全是你一己想法的倒影。你是编故事的人，也是所有故事的放映机，而整个世界都是你各种想法投射出来的影像。”

——《一念之转》

有一个这样的故事，记者在经过建筑工地时，看到所有的工人正在忙碌地工作着，他想了解工人们的生活以及幸福指数，于是采访了第一个工人：“请问你对目前的生活及工作满意吗？”这个工人非常不耐烦地带着怨气回答：“你没看见我正在辛苦地工作吗？还有一大堆工作等着我呢，我哪有闲工夫回答你？！”

记者并未放弃，找到另一个工人，这个工人此时正在休息，他上前采访，并问了他同样的问题。第二个工人回答道：“还行，我每天辛勤地工作，一个月下来的收入足够养活我的家人，如果再努力一点，每个月还可以有积蓄，让家人过上好一点的生活。”

记者谢过这个工人，正要转身时，看见一个踏着轻快的步伐，挑着砖块，吹着口哨的工人，便好奇地问他：“我是一名记者，正在做一项调查，刚才我采访了其他两位工人，他们跟你做的是一样的工作，但是为何他们看起来都很辛苦，而你却能如此轻松快乐呢？”

这个工人放下肩头的重担，眉飞色舞地对记者说：“我没有理由不快乐，我的工作太有意义了，我正在建造一个能容纳千人的大教堂。这个教堂完工后，可以让无数人在这里找到内心的安宁，获得心灵的洗涤，我觉得我实在太幸运了，不仅可以通过我的努力工作照顾好我的家人，还可以造福那么多人。”

记者听了这位工人的分享，内心充满感动，写下“使命感使幸福洋溢”这句话。如同这个故事里的三个工人，对待生命的态度不同，生命境界就会千差万别。

在故事里，第一个工人只能看见眼前具体的事情，而第二个工人能看到阶段性的目标，第三个工人能看见他自己生命的意义在哪，把自己的工作和人生使命联系在一起。每个人的内心世界不同，看到的世界就大不相同。你的眼睛看见的就是你内心的呈现，你看见的都是自己。

你的眼睛能看见什么，实际上是内在反射，所以我们要时常觉察自己看见了什么。当你能够觉察到你看见了什么，就知道自己的内心修炼得怎样了。我们活在一个四周都是镜子的世界里，心中有什么，就会看到什么，外面的世界只是我们内心的投影，看到的都只是自己。

内心是善的，看到的善就多；内心是恶的，看到的恶就多。如果你看到了孩子身上的美好，那是因为你自己本身就很美好。而很多家长觉得自己的孩子激进、过于敏感、散漫、爱拖延，实际上是对自己不满意，所以看孩子哪哪都不满意。

你看见的都是你内在的修养。比如说，你觉得孩子有哪些优点，其实这个优点往往是你自己的习惯。

就像《宝贵的人生建议》里说的那样，“哪怕看5件展品，每件花10分钟，也不要看100件展品，每件花30秒。”

该如何训练自己呢？

1.看见

要从离你最近的人开始，比如孩子、爱人、父母等，你所能看见的其实代表了你的高度。你是否能够满心欢喜地欣赏他们？你是否觉得他们满身都是优点？如果你开始有这样的想法，那么恭喜你，其实是你变好了，对方从来没有变，不要奢望任何一个人有变化。

学员云霞在“看见”上不断践行和收获，给了我们很多力量。她曾面临重重挑战，从负债高达100万到儿子抑郁，每一天都充满了困惑、迷茫、无助和痛苦。后来，在我们的种子陪跑营中，深度践行“看见”的智慧，不仅要看到眼前的事物，还要深入地理解和感知身边最亲近的人。

她学到的第一个深刻的教训是放下对父母长达30年的怨恨。过去，她总是从自己的角度出发，对父母有很多抱怨，怪父母不理解她、不支持她。但通过学习“看见”的智慧，她开始从心底里真正感谢和敬畏父母。云霞开始意识到，父母的行为背后，其实都是出自对她的爱。于是她开始欣赏父母的优点，意识到自己之前是多么无知和自以为是。这种觉醒让她释放了心中的重负，感到自己不再是那个孤立无援的人。

接着，云霞和儿子的关系也发生了根本的变化。以前云霞总是责备他不懂事，但“看见”让她认识到真正的问题出在自己身上。她曾有过多的控制欲和期待，并没有真正地给予孩子所需的爱。当云霞改变自己的方式，真正倾听儿子的心声后，他们之间的关系得以修复。孩子告诉她，已经放下了对她的怨恨。这次心灵的觉醒修复了她们之间的裂痕，使她学会了如何以爱和理解去接纳孩子，同时也让她的内心更加平和充实。

随着她内心的改变，她的经济状况开始好转。她懂得了要获得什么，就必须先付出什么。她的收入从一个月2万—3万提高到了8万—10万，这一切改变都源于她心态的转变。

通过学习和改变，她深刻体会到，爱是解决一切问题的答案。她很幸运地进入了种子陪跑营，有机会这样深刻地“看见”自己和她的家人，改变自己的命运。

2.慧见

你要用智慧的眼睛看见智慧，看见美好的未来。我们经常说的慧眼，意思其实就是带着智慧去看。当你真正带着智慧去看身边的人事物，你就会发现，你看到的一切都与这个世界无关，而与你有关。

慧见也是自省，是深深地向内看。我们可以通过记录、冥想内观自己。慧见不仅是一种外在的洞察力，它更代表了内在的觉知与自我反思的能力。通过内省和自我觉察，我们可以更好地理解自身的想法、情绪和行为模式，从而在面对复杂和具有挑战性的情境时做出更明智的选择。正所谓，了解自己是所有智慧的源泉。

在这个过程中，记录和冥想成为连接外部世界和内心世界的桥梁。通过书写，我们将内心的混沌有序化，形成可以观察和分析的对象；而冥想则帮助我们静下心来，从日常生活的纷扰中抽离，触达更深层的自我理解。这种自省的实践，不仅让我们的思维更加清晰，也使我们能够在生活中展现出更高的情绪智慧和人际智慧。

通过持续的内观和反思，我们可以构建起一种更为成熟的自我意识，这种意识使我们能够在日常生活中更好地识别并管理自己的反应，以及更加敏感和全面地处理与他人的关系。慧见，是一种生活的艺术，可以教会我们如何以智慧的眼光看待周遭的世界，以及如何在纷繁复杂的现实中找到属于自己的平静和智慧。

3.会见

意思是与未来的自己约会，用未来的眼光看世界，看自己当下的成长。未来是最难预测的。无论你如何想象未来的自己，都会跟现在的自己有很大的出入。那如何看见未来的自己呢？我们要找到其中不变的因素。

在历史的长河中，有些东西在相当长一段时间内大概率会保持不变，比如人性、亲情、健康、时间管理、思考与判断能力等。我们在这些领域进行投资和深入学习，重视这些不变的因素，就会引发你不一样的思考并作出不一样的抉择。

在与未来自己的约会中，我们尝试穿越时间的界限，以未来的视角审视当前的自我。这种超越时间的自省不仅是一种抽象的思维练习，更是一种实际的生活策略。通过在不变的价值如人性、亲情、健康、时间管理以及思考与判断能力上投资，我们实际上是在为未来的自己铺设坚实的基础。这种投资策略，类似于建筑师在设计建筑时会考虑到建筑的持久性和功能性。

通过这样的思考和实践，我们不仅可以更好地预测未来并为未来做准备，还可以在当前的生活中获得更深层次的满足和安全感。

在自我探索和觉醒的过程中，这样简单的每日自问可以成为一种深刻的内在对话。通过不断地问自己"我看见了什么"，我们不仅可以明晰自己的感受和想法，还能逐渐理解这些感受和想法背后更深层次的动因和价值。这种持续的自省能够帮助我们逐步剥去表层的自我认识，触及真正的自我。

更多地关注自己的内心世界，而不是他人的评价，我们可以更自由地探索自我、实现自我，并在这一过程中获得真正的满足和成就感。这种转向内在的实践，使我们能够真正认识到自己的独特性和价值，而不会被外界的声音所左右。

正如一位名人所言："观察者不仅仅观察，他们还决定他们在观察什么。"我们如何看待自己，决定了我们能走多远。在觉醒的道路上，唯有自己是最好的向导。

【觉察时刻】

每天与孩子共同进行的复盘时刻，是培养洞察力的宝贵时间。这一过程不仅能够锻炼我们自己，也能引导孩子发现生活中的美好。我称之为"每日三觉"。

觉察念头：我们共同探讨一天中出现的各种想法，学习如何观察自己的思维模式。

觉察行为：我们回顾一天中的具体行动，理解这些行为背后的意图和影响。

觉察语言：我们回味自己的言语，感受话语的力量和它对周围人的影响。

通过与孩子分享我们各自的“觉察”，我们不仅教会了孩子如何更好地了解自身，也共同学习了如何在日常生活中发现和创造美好。这样的练习，使我们能够更深入地理解和珍惜每一刻，共同在这个过程中成长和进步。

第二节

听见：深度倾听的力量

“先寻求理解，再寻求被理解。”

——史蒂芬·柯维《高效能人士的七个习惯》

很多时候，在与孩子沟通的过程中，我们总想把话说清楚，怕他们犯错，因此会讲很多的大道理，如“你不要这么做呀，妈妈当时是这样的……”为了让孩子听进去，最后还要反复跟孩子确认“听清楚了没有”。

然而，在这样的交流模式下，我们往往忽略了倾听孩子自己的声音。孩子们逐渐习惯于接受，而不是表达，因为他们很少能得到表达个人见解的鼓励。这样的孩子，往往缺乏独立的思考能力。

其实，与其不停地传达我们的观点，不如增强我们的倾听能力。在家庭沟通的艺术中，聆听往往比说话更为关键。通过真正的聆听，我们不仅能更深入地理解孩子的想法和感受，还能培养他们独立思考和自信表达的能力。这是一份对孩子成长至关重要的礼物。

“听”比“说”更重要，也更有效能。

这件事看似简单，做起来却不简单。它的难处在于，听的人要放下头脑，只用心，需要注意力全然投入。因为我们平时的状态就是只用脑，不用心，偶尔听孩子说话时，也是一面听，一面忍不住地分析、判断、想给建议。但要让孩子说到心满意足，我们的状态必须是全然地接受、关心、了解、支持，而这些都是心的作用，是放下头脑后才会出现的。

这有多难呢？分享一下金刚智慧格西老师的故事。当他有商业会谈的时候，他会把手机放在桌子上刻意留意时间，当谈话结束，基本就可以知道自己到底讲了多少分钟。

尤其是这种一对一交谈的时候，特别能够有效地测试出来。格西老师说有一次他跟别人的交谈时长总共是30分钟，他居然讲了27分钟，而对方只讲了3分钟。可见真正开启自己的聆听能力有多难。当你自己讲得太多，你可以注意对方的表情和肢体反应，这些都会很好地提醒你讲得太多了。

我们学习聆听，实际上是为了让自己得到更多的建议和灵感，用到我们的亲子沟通中，这是行为上的聆听。

更深层次的聆听，是意识上的聆听，是真正开启听力觉醒。

我们脑海中经常会出现很多的声音，如果你没有觉察，就会被“自我”掌控，不能给孩子提供真正的支持。我们真实的自己，那个真正知道如何与孩子相处的自己被“自我”劫持了。

当你能够觉察你脑海中的声音，意识到是“自我”在说话，而这样的“自我”都是过去的经历所种下的种子。如果你的过去一直都在说美好的言语，就是在种好种子，这样你就会聆听到更多更好的建议。如何开启意识上的倾听呢？

1.觉察：你需要去觉察你每天都在听些什么

你是在听一些不那么重要的短视频八卦，还是在聆听高水平老师的讲解？你选择让耳朵听什么，实际上也是在给你的心灵播下种子。如果耳边总是围绕着闲话，这反映出你内心的一部分，因为你倾听的正是你想听的内容。

这意味着，你之前已经在心里种下了这样的种子，你现在听到的不过是这些种子结出的果实。大部分人都这样，只听自己愿意听的，不愿意听的就自动忽略了。

如果你之前有意识地播种美好的话语到自己的心里，当遇到困难时，你的“自我”就能自然地给出好的建议。当你察觉到这些建议，听到内心的声音时，这些好的想法会帮助你种下新一轮的美好种子。

所有交流其实都源于你心里的种子。你能听到的，都来自更深层次的自我。但如果你说得太多，就永远没有机会听见内心深处的声音。太多的自说自话，不给别人说话的机会，意味着你失去了接触最深层智慧的机会，这些智慧恰恰源自你心中的种子。

留心自己到底在听什么，每时每刻，默默聆听的内容实际上反映了你的修为。不断地自问，我是在听那些充满美好的声音吗？

有个成语“耳聪目明”，耳聪不仅意味着听力敏锐，还包括了辨别力。能够聆听并辨识美好的话语，本身就是一种幸福。

2.改变：训练自己的聆听能力

真正具有智慧的父母具有一个特质：他们的沟通不仅依赖言语，而且话语寥寥。在与孩子的交流中，他们懂得用心聆听，这是促进孩子打开心扉的关键。

想要孩子更多地与我们分享，关键在于锻炼我们的聆听技巧。这意味着我们需要感受到孩子在交流时的情感和需求。说实话，做到这一点并不简单，我们可以逐步来提升这方面的能力，从你能最先察觉到的点开始着手。

情绪

孩子有时候表达的不是具体的想法，而是情感。当你听到孩子说“妈妈你总是不守承诺”或者“你每次都让我等待”，其实孩子是在宣泄情绪。“总是”这类词汇，很多时候表达的是一种感受，而非客观事实。这种时候，孩子的言辞往往带有夸张成分。

这样的表达方式背后隐藏着情绪，类似的词语还有“老是、经常、永远”等，一旦你听到这些词，就意味着孩子在宣泄情绪。这时候，你的任务不是反驳他们，而是先安抚他们的情绪，待情绪平息后再开始有效沟通。

需求

与孩子沟通时要理解他们的真正需要。如果你能够真正理解孩子的需求，你就进入了孩子的内心世界。

如果你难以听出孩子的具体需求，可以通过连续提问来深入了解，比如在对话中不断询问“还有什么吗”，直到孩子表示没有了。

通过马斯洛的需求层次理论，你可以更具体地理解孩子的需求。这个理论将需求分为五个层级：

生理需求（如食物和睡眠）；

安全需求（如陪伴）；

归属和爱的需求（家庭和友情）；

尊重的需求（自尊、信任、成就感）；

自我实现需求（创造力、解决问题）。

思考一下，你能感受到孩子哪一层次的需求？再想想这些需求是否有向上或向下转移的可能？当你能够满足孩子在不同层次之间需求的转移，你就开启了全新的可能性。

多去觉察自己听到了什么，就会知道自己是一个怎样的人。多训练自己的聆听能力，用心聆听，用心表达，让生命成为一场关系互动的艺术。

【觉察时刻】

当你看到孩子有情绪的时候，你应该：

1.觉察孩子正在说什么。

2.觉察自己脑海中的声音是什么。

3.觉察孩子的情绪和需求是什么。

第三节

能量：守护好你的能量

“能量不能被创造或销毁，它只能被转换。”

有一个小男孩去到一个山洞，他在那里吼：“我很生气，我不喜欢我妈妈。为什么全世界的人都不喜欢我，老师不喜欢我，同学也不喜欢我？”山洞里也传来了同样的回音。

小男孩很好奇，他想：为什么我发出的声音回弹回来了呢？我听到的都是不开心。我不幸福，世界上的人都不爱我。这时他跑回家里哭，告诉爸爸：“爸爸，为什么我发现妈妈不爱我，全世界的人都不爱我，都否定我，我听到的声音就是我不开心，我不幸福。”

爸爸说："那你换一种方式，你说：'爸爸妈妈是爱我的，老师也是爱我的，我的同学也是爱我的，我很开心，我很幸福，我是全世界最幸福的人。'"于是小男孩跑回了山洞，又去呐喊，这次他喊得非常有力量。

当他喊完的时候，山里的回声也回到他的耳朵里，他感受到满满的能量，于是他回到家，跟爸爸说："哇，爸爸，你说的话太有效了，原来我是世界上最幸福的人。"

你对这个世界的态度，就是这个世界对你的反馈。你总是关注孩子的缺点，你就会不断发现更多缺点；但当你注视孩子的优点时，你就会感到幸福，而回报给你的也将是幸福。

然而，在现实生活中，许多家长常常聚焦在孩子的问题上，如"孩子最近又被老师批评了，注意力不集中""上课和同学说话""晚上不愿意按时睡觉，成绩也在下降，不听话"等，不断地传递消极能量。

带着这样的能量与孩子沟通，焦虑、迷茫、抑郁等情绪很容易传递给孩子。我们需要时刻检视自己，我今天的能量如何？我今天给孩子带来的是什么感受？是舒适的能量吗？

快乐是能量，喜悦也是能量。一个充满正能量的家庭，自然能营造出和谐的氛围，孩子的学习之路也将顺畅无阻。学习不仅需要努力，更需要正向的能量。有的孩子轻松学习且成绩优异，而有的孩子则努力无果。究其原因，缺乏的是内在的动力与正能量。

《让孩子成才的秘密》中提到："能量"在"厚德载物"中体

现为“德”，无论我们追求财富、幸福、快乐还是健康，都是由我们的“德”决定的。这里的“德”不是指捐赠了多少金钱或物品，而是指对他人的宽容和爱、对父母的孝顺、对自然的敬畏与爱护。真正的“德”是从内心发出的，并非金钱所能表达。

富润屋，德润身。当我们内在丰盛富足的时候，我们最大的冲动，就是想付出；只有我们匮乏的时候，才想抓取，才想索取。

许多家长发现自己的孩子失去了学习动力，沉迷游戏，甚至出现抑郁情绪，他们本身感到非常焦虑，不知道该如何是好。面对这些情况，你需要做的是真诚地面对自己的内心，无须从外界寻找认同。请相信，孩子正通过他的生命唤醒你的觉醒之旅。

真正需要做的，是认真反思、觉醒，并将注意力转向自身。只有当你关注自己、真正改变自己时，你的世界才会随之改变。

你变了，你的世界也会随之改变。不要脱离自己的本心。当你提升自己的能量时，一切美好才刚刚开始。当你的能量特别好时，自然会带给孩子正面的影响。如果你能成为一个内外如一、真心具有慈悲和爱的人，你的孩子也会感受到这种温暖的能量。

如何守护好自己的能量?

1.感知身体

很认真、很诚实地面对自己的身体，好好做身体的感知。

外界的种种侵扰以及内在的思虑情绪，无时无刻不在消耗着我们的能量，要想做到精神内守，其关键前提是要找到自己的“后山”，即找到稳定自己的方法，让自己安静下来。因为越忙，内在秩序越混乱。当你安静下来以后，内心就会清静澄明。

鲁米有一首诗：“身体是一台仪器，用以测量精神的天体。通过这星盘来观测，让自己变得如海洋般浩瀚。”我们要学会把自己的心和眼睛都收回来，温柔地向内探索。

2.感知情感

当你开放地感知你的身体，你就能感受到情绪的流动。选择了爱，就去体验爱；选择了恨，就去感知恨。你可以做一个觉察记录表，比如几点到几点，内心一直都觉得很烦躁；几点到几点，内心似乎感到轻松；几点到几点，通过学习，感受到一点喜悦。

生命最好的状态，是顺应每一个当下，又从未放弃成长。就像纪录片《人生果实》里说的，“风吹枯叶落，落叶生肥土，肥土丰香果，孜孜不倦，不紧不慢，人生果实。”

3.感知思想

当你带着这些不同视角去感知时，会看清背后不同情绪的来源，以及自己可以调节优化的方向。

你从中会慢慢感受到，有些事之所以难做，不是难在自己没有能力去做，而是难在自己不愿放弃旧有的条框思维。

唯有自己参与其中去体验，才能真正感受到背后的这些益处。你又能为此投入多少时间来观察自己呢？不必大量地关注孩子，先成全自己，守护好心中的那团火苗，让自己内心升起亮色，遇见别样的天地。

【觉察时刻】

每日一问

今天与孩子相处，我是喂养了自己的匮乏，还是滋养了自己的富足？

1.自己的时间大部分花在了哪里？

复盘的时候观察自己，形成复盘习惯后，一点点迁移到日常生活中，感受不同情绪背后的流动。

2.如果觉察到自己的内心能量不够，问自己为什么会不断地喂养匮乏？

观察自己，思考自己都在“关注”什么，可以放下什么，可以提升什么。

第四节

容器：做孩子的容器，无限拓展内在空间

“情感不是被超越的，而是被经历的，而且只有经历过的情感才能被超越。”

在与孩子相处的过程中，常常发生这样的场景：当我们多次呼唤孩子而他们不予回应时，我们的愤怒情绪很容易被触发。当生命力在关系中无法被看见和连接，它很容易转变为负面情绪。面对这种情况，我们需要允许自己的情绪有表达的空间，使愤怒能够在关系中流动并最终转化为爱。

然而，如果我们没有意识到自己的愤怒，反而将其归咎于对孩子的爱，那么这种行为可能就变成了伤害性行为。这样的行为

不仅能对亲子关系造成实际伤害，还能使关系出现裂痕，甚至导致关系的最终破裂。

心理学家温尼科特提到，好的父母就像是一个容器，能够容纳孩子的活力和各种情绪。作为觉醒的父母，我们应该成为孩子的情绪容器，而非简单地扮演权威角色。这意味着在孩子展现敌意或破坏性行为时，我们应做一个简单的停顿，以决定是要成为情绪的融合者还是权威的设立者。

如何能够接纳孩子的敌意情绪？

当孩子散发出破坏性能量的时候，我们该怎么做呢？我们可以做一个简单的停顿，站在自己的视角去觉察当下是想做一个孩子的情绪容器，还是想树立一个权威。

我们经常无意间就变成孩子的权威了，想让孩子听自己的，可是你越控制，孩子越迷茫，越不知道自己想要什么。要成为觉醒型父母，选择做孩子的情绪容器，不要被孩子的情绪带偏。

要知道，当你能够觉知自己的意识时，孩子的敌意破坏不了这个容器，同时，外界的敌意也破坏不了这个容器。这样一来，孩子就能确信，他是活在一个安全的空间里，而这个安全空间，就形成了所谓的安全感。

具体怎么跟孩子说呢？可以参考下面的表达。

第一句，就是跟孩子说："谢谢你告诉我你的愤怒。"

为什么要对孩子说这句话呢？其实是告诉孩子，允许他表达自己的情绪和需求。我们知道，孩子在表达情绪时，其实背后隐藏的是需求。孩子生气，冲家长发火，往往是因为觉得自己的权益受到了侵犯。心理学研究表明，愤怒和恐惧经常是同时出现的。愤怒往往伴随着恐惧，其背后隐藏的是对爱的渴望。

比如，当孩子冲着你怒吼："够了，我再怎么努力都是没用的，怎么做你都不可能满意，我就是个学习的机器。"孩子感到委屈，更深次的原因是，孩子渴望得到父母的爱与关怀，担心父母因为自己不够优秀而不爱自己。

如果我们不明白这一点，看不到孩子内心的需求，而是反过来批评、教育孩子，那跟孩子的距离就会越来越远。

对孩子说的第二句话是："对不起，我无意中伤害了你。"

这句话的关键是道歉。敢于向孩子道歉，承认自己的言行给孩子造成了伤害，是和孩子重新建立关系的开始。道歉不是向孩子示弱或者妥协，而是真正地站在孩子的立场上去感受、理解和关心他们，要让孩子感受到，无论他做什么，你都是爱他、支持他的。

对孩子说的第三句话是："我的本意不是这样的，我的本意是……"

你这样去沟通，孩子会明白你的初心是什么。其实孩子都明白，家长是爱我的，只是爱的方式不对。很多时候孩子被愤怒的情绪给遮蔽了，感受不到爱。

当孩子理解了家长并不是不爱自己，只是爱的表达方式不合适，那么他们的情绪就会得到正确的处置。

自我是一个容器，关系也是一个容器，觉知就是不断地扩大“自我”这个容器。做好孩子的容器并不容易，这要求我们的内在有平静的意识和祥和的空间。

我们的学员张利在参加智慧演说课程后，开始深刻认识到自我和人际关系都像是容器，教育则是拓宽这些容器的途径。她意识到，塑造一个能够孕育孩子的“容器”并非易事，这需要我们的内心保持平静和和谐。

张利回忆说，她第一次带孩子来上课时感到非常惊喜，因为我们为孩子们准备了一顿丰盛的大餐。桌上不仅有多份美味的比萨，还摆满了各式各样的精致点心和新鲜水果，看到孩子们欢快地吃东西，她感到格外温馨。

张利和她的孩子统洋

她说参加智慧演说课程后，学会了如何更好地管理情绪和面对问题，而不是回避。更重要的是，张利在与孩子的沟通中找到了应对挑战的新方法，这不仅是对外部挑战的回应，更是她内在容器的一次扩容。

随着个人的成长，她的孩子也变得更加自信、阳光和积极。

例如，孩子现在能够独立前往纯蒂恩校区并安全返回，这是之前的她难以想象的。

通过这一经历，她开始深信每一个孩子都是独一无二的，都拥有无限的潜能。现在，她更加坚定地支持和鼓励孩子去探索他的潜力，努力成为更好的自己。作为一位觉醒的母亲，张利不断地觉察并修炼自己内在的容器。在这个充满爱和平静的容器中，孩子的生命力自然流露，如同花朵般绽放，硕果累累。

在爱与平静的容器中，每一个孩子都能自然地展现无限潜能。

【分享时刻】

鲁米的一首诗

你跑得愈快，

你的影子跟得愈紧。

有时，它还会跑在你的前头呢！

只有日正当中的太阳，

才能让它退减。

但你可知道，你那影子一直都在服侍着你呢！

加害你的，也必保护你。

黑暗就是你的蜡烛。

你的边界，就是你追寻的起点。

第五节

神奇之旅：从恐惧走向觉醒

“我们对孩子的教育，往往不是来自爱，而是来自恐惧。”

如果有一种恐惧是凌驾于所有恐惧之上的，那就是对短缺的恐惧，也就是“匮乏感”。情感基因中，我们似乎继承了一种信念，那就是身边资源总是短缺的，世界上的善意总是不够多，财富不够用，美貌不够出众，爱心也远远不够多。

正因为这种信念，我们对于善意、财富、美貌和爱的定义越来越狭窄，而不是越来越宽泛。

如果我们仅仅是用金钱来衡量财富，那只有富人才够用。这种对财富的狭隘定义，使我们很难觉得幸福。然而，如果我们用一种豁达的眼光来看待我们的世界，我们对幸福就会有其他认识，比如拥有美好的家庭、健康的身体，以及深交的挚友都是财富。认知的维度决定了世界的高度，就像蚂蚁和老鹰的视角。

蚂蚁的世界是二维的，在蚂蚁眼里处处都是障碍，处处都是迷宫。但老鹰的视角是三维的，老鹰眼里天地广阔，振翅一飞就能越过所有障碍和迷宫，蚂蚁世界里跨不过的困难，在老鹰的世界里是另一种风景。

如果你在低纬度的认知和视角里，看见的都是孩子的问题，殊不知是庸人自扰；如果你在高纬度的认知和视角里，就可以正向解读生活中发生的一切。所以你看待世界的角度和你认知的维度决定了什么是问题，什么是财富。

该如何从恐惧走向觉醒，从蚂蚁视角变成老鹰视角？

1.接受：接受内在的恐惧，与之对话

当我们和孩子相处时，因为自身能量不足，孩子的行为很容易触发我们内在的情绪模式。如果我们能把每次的情绪反抗、情绪防御状态当作一次转变的机会，向内探索，那么结果会大不一样。

当我们看见恐惧时，应该与恐惧相处，允许它存在，而不是

把它藏起来、回避它。我们可以和内在的声音对话，用一种接纳的方式与他沟通：“是的，但是……”

比如，“是的，我害怕孩子不爱学习、没有内驱力，以后找不到好工作，不能养活自己，但是我看见了他的天赋，只要他在他的领域活得幸福就可以了。”

再比如，“是的，我害怕孩子不听话，容易让我生气，生气会让身体不好，但是我已经学会了如何与情绪相处。在与负面情绪的相处上，我看到了自己的进步。”

你会看见当下其实与孩子的行为无关，恐惧总是与我们从原生家庭继承下来的情感模式有关，情绪来自过去，跟眼前的状况毫无关系。能够觉知这一点，你就不会去恐吓孩子，而是推动孩子的成长。越早承认恐惧，越容易面对，恐惧就会自然消退；越是逃避、否认，越会陷入恐惧的阴影。

直面恐惧是一种全新的体验，它能教会我们如何生活。

2.放下：不再追求父母的认同，对自己的人生负责

我们是否能够觉醒，取决于我们能否放弃对父母的情感依赖。

在原生家庭中，我们总是习惯得到父母的认同和批准。不管年龄多大，我们感觉自己永远是长不大的孩子，这种共生关系导

致我们对自己的发展没有主动权，这样的情感模式又会投射到我们跟孩子的相处关系中。

如果我们希望孩子的生命有主动权，首先是我们要摆脱对原生家庭的依赖。很多人抱怨小的时候父母没有给我们太多的爱，这样的抱怨只会在我们与父母之间竖起一道高高的屏障，隔绝父母对我们的爱。

父母给我们最好的礼物就是给了我们生命，更何况他们还很努力地担负了养育的任务。比起抱怨，我们更应该承担对自己生命的责任，让自己的生命更成熟，不再追求父母的认可，走向自我人生的成熟。这不是不听话，而是我们需要做自己生命的主人。

3.分离：把爱从恐惧中分离出来，找到自己，面对当下

当你跟孩子相处时，以下方法非常有效。

面对恐惧：你可以把感受和想法写下来，列出内心所有的担忧和恐惧。当你写完的时候，你就会感受到记录即是疗愈。那些恐惧会逐渐消散，你会进入一个新的境界，这个时候鹰的视角会慢慢形成。

分离出爱：接下来你要做一件更重要的事，就是写下内心对孩子的爱意。比如说，“我希望我的孩子能够活在他热爱的世界，

希望他过得顺利、平安喜乐，活在创造力的源头里。他会发现自己人生的使命，去做有价值的事情，会为这个世界作出贡献，也会得到这个世界最大的爱意。”

当恐惧的比例超过爱，恐惧就会占上风，我们教育孩子的结果会与我们的意愿相违背；当爱的比例超过恐惧，你就会安心地给孩子能量，支持他的发展，让孩子相信他是被爱的、被支持的，孩子也会全力地发展自己。

对自己的生命负责任，正向地面对自己和他人，就是老鹰的视角。遇到问题，学会去觉察自己的情绪，学会面对恐惧，把爱分离出来，永远相信每一个恐惧的背后都是礼物，每一个苦难的背后都是高光，永远相信美好的事情即将发生。

愿你追随恐惧，永不逃避。

【分享时刻】

诗歌分享

《天赐》

希望你有幸有一个这样的孩子——

他与你对着干，从而你可以学习如何放手；

他不听话，从而你可以学会聆听；

他有拖延症，从而你可以学会欣赏静止时的美；

他老忘事，从而你可以学习摆脱对于事物的依恋；

他过度敏感，从而你可以学会理智；

他总是心不在焉，从而你可以学会专注；

他敢于反抗，从而你可以学会打破常规思维；

他感到害怕，从而你可以学会相信宇宙的力量。

希望你有幸有一个这样的孩子——

他使你学会，这一切不是关于孩子，而是关于你自己。

05

第五章

践行的力量

JIANXING
DELILIANG

第一节

积累：耕种自己的三个富足习惯，孩子自然会幸福

“从本质上讲，生活的过程就是用精心培养的好习惯替换那些在不经意间养成的坏习惯，努力成为一个更幸福的人。你的幸福指数最终取决于你的习惯和你花最多时间与之相处的人。”

——《纳瓦尔宝典》

孩子作为我们生命中最重要的人，是我们花时间相处最多的人，我们跟孩子之间的关系，很大程度上决定了我们的幸福指数。

在一个觉醒的家庭中，你能够把孩子作为镜子，看见自己也需要成长和成熟，而不是试图纠正孩子身上的问题。你的关注点永远是自我意识的觉醒，而不是孩子的行为，这是生命中自我成

长的重要习惯。

生命就像一座花园，需要种子以及阳光、养料和水分，才会变得茂盛。随着年龄的增长，有些家长的花园枝繁叶茂、果实累累，而有些家长的花园杂草丛生、荒芜一片，原因是他们的习惯不同。在选择习惯的时候，你需要考虑清楚：是在我生命的花园里播下富足的种子，还是匮乏的种子？

在实践的过程中，总结了以下三点。

第一，觉察行为的习惯

1.生命：保护生命和健康

保护大自然里的生命，也就是不杀生，同时也要保护好自己的生命和健康。医学上发现，成年人的精力水平在30岁以后是逐年下降的。你的精力水平会越来越跟不上工作和生活的要求。但是，事业、家庭和个人成长对你的要求却是不断增加的。

和家人一起享受生活，这才是最关键的。影响生命健康的四大因素：睡觉、饮食、情绪和运动。四者缺一不可，而睡觉的重要性是排在第一位的，因为人在睡眠的时候，身体处在一个主动修复的过程。保护生命健康，从和孩子一起早睡开始。

2.关系：尊重他人关系

我们容易认为是外在力量决定的命运，而通过这一章的讲解，你会发现，这也常常是我们内心投射的结果。

内在关系模式就是一个人的命运，构建一个平等而相互尊重的关系模式，是给孩子的最好的礼物。

我们与孩子之间的关系到底是滋养性的，还是损耗性的，衡量标准就是在这个关系中。看看到底有多少无条件积极关注，又有多少有条件关注。“无条件积极关注”是指无论孩子做什么，你都能从中发现积极因素。而“有条件关注”是指“你必须达到A，我才能给予你B”。我们就是在不同的逻辑环境中长大的，以为头脑中的东西是自己的，但其实常常是权威和文化传递给我们的。

3.格局：慷慨大度

“将欲取之，必先予之。”要想得到，得先付出。待人和种庄稼一样，种瓜得瓜，种豆得豆。要想有收获，必须得先付出。人与人之间的关系，都遵循这个朴素的规律。

你给予的越多，得到的就越多。如果你是慷慨的人，你的孩子也会乐于分享。小八老师之前自己创业，后来在我们的课程中了解到“福田”的概念，这不仅仅是物质的给予，更是心灵的播种。小八老师开始思考，如何能够将这种种子播撒得更远、更深。她决定从家庭的小事情做起，带着孩子一起践行。

她和孩子沟通，首先使用孩子的零花钱资助了两名贫困地区的孩子上学。这件看似小的事情，却让孩子第一次意识到，他们能够通过自己的行动直接影响别人的命运。慢慢地，小八老师带领孩子们参与了更多形式的公益活动，如送粽子、发红包给环卫工人、探访特殊儿童和养老院等。

有一次，他们去了一所特殊儿童教育机构。孩子最初感到害怕和不安，面对那些与众不同的小朋友，他的第一反应是退缩。但小八老师告诉他这些特殊的孩子可能比他更加害怕和不安。孩子听后，鼓起勇气，开始与这些特殊儿童互动。慢慢地，孩子的眼中充满了理解和同情，他们学会了以平等的眼光去看待每一个生命。

这一系列的活动不仅改变了孩子，也深刻地影响了小八老师。她的性格变得更加柔和，家庭关系也因此更加融洽。小八老师和她的家庭在福田中撒下了无数希望的种子。这些种子在孩子的成长中慢慢发芽，让孩子们学会了分享、同情和勇敢。孩子们开始在学校里分享自己的公益经历，影响更多的同龄人。

小八老师和她的两个孩子

他们不仅收获了他人的笑容和感谢，还收获了难以计数的温暖和力量。这些都源于一颗颗小小的种子在福田中生根发芽，绽放出希望的花朵。

第二，觉察语言的能力

觉察自己的语言是否诚实、和谐、友善、柔和、有意义，是衡量我们正向表达的重要标准。

正向表达的核心就是真诚。真诚地跟孩子诉说自己的感受，比如被打扰时的焦虑、工作压力的困扰等，孩子会像你一样拥有真诚的表达习惯。

在表达中要多听少说。要认真听孩子表达，给出回应。知道孩子的需求后再表达，孩子就很容易听得进去你的话。以前我不懂得语言的正向表达时，不明白孩子为什么总是不听话，但我慢慢转变了自己的表达方式后，我听到孩子说得最多的是“妈妈你说得对”“妈妈我知道了”“我可以”。

第三，觉察念头的能力

1.随喜他人的幸福

你能够随喜别人的幸福、快乐、成就，内心升起喜悦的心情，这时你跟对方的能量状态是相互吸引的，是同频的，因为你心生欢喜。当你看到别人的成就、富有而升起嫉妒心的时候，你想到的都是憎恨、讨厌、傲慢，那么你就很难成为富足的人。

所以随喜别人的幸福是非常重要的功课，我们要带着孩子一起去观察别人的优点，关注别人身上好的地方，这样那些喜悦和快乐才会发生。

2.怜悯他人的不幸

当你能理解生命运行的规律、生命成长的节奏，能够体谅别人的不容易，就会尊重每个生命的不同。而对自己慈悲，是慈悲的第一步。慈悲心常在，允许不同生命呈现自身该有的样子，这样内心会更强大。

当你意识到孩子的问题都是父母的问题，一切都来自自己的种子，你就不会再一味地去纠正孩子的问题，而是努力去改变自己，觉察自己。

我们关注的内在美好能量不断地被激发和壮大，就可以经营一个开满鲜花、结满硕果的人生花园，创造出幸福美好的人生。

【分享时刻】

晨起冥想

1.一旦你意识到你已经清醒了，停下来，做一个深呼吸。

2.把你的思绪带到那些让你感激的事情中。

3.保持这份简单、积极乐观的心情。

第二节

记录：六时觉察，提升内在维度

“我们的大多不幸，都是因为完美复制了原生家庭的剧本模组。”

——《原生家庭木马快筛》

原生家庭的负面印记，像基因般世代传承，渗透我们的人生：自我价值与人生意义，家庭关系与人际关系，天赋与事业，金钱与财务，疾病与生死……我们的思维、观念和行动，早已深深打上原生家庭的烙印，终其一生也难以消除。

如果不能觉察，就会在情绪模式里不断地轮回。

如何能跳出原生家庭情绪模式的影响，不断觉察自己呢？

数千年来，那些古老的传统和智慧，都会教导我们，改变自己，才是真正的练习之道，就是要向内求，改变了自己的身语意，才能改变外面的世界。

古代智者有一种练习方式，就是在自己的口袋里装上一袋子黑白石头，如果做了正面的身语意，就丢一块白石头到另外一个口袋里；如果做了负面的身语意，就丢一块黑石头。当一天快结束时，数一数黑白石头的数量，总结和反省今天的练习状态。

而《了凡四训》中提到的“功过格”也是一种检查自己每天言行举止的方法。

曾国藩在每天的日记中，都要将自己一天的言行进行一番彻彻底底的反思、清扫。他的一生，就是自省的一生。最终，他的人生修养和事业都达到了一定的高度，成为一代中兴名臣。而自古以来经典智慧中更是有诸多“道德准则”，来规范练习者的言行举止和起心动念。

可是起心动念单靠觉察是非常困难的。《能断金刚》里说：“我们的念头非常多、非常快，以65念/秒的速度种下大量的种子，如果没有甚深的意识状态，我们是无法觉察到的。”

我也探索出了一种新的模式，那就是六时觉察，在一天中六个时间段检视自己的身（行为）、语（语言）、意（意识），正面的就强化，偏颇的就修正，在一件件小事中修炼自己。

通过六时觉察，可以让自己养成觉知的习惯。

对于很多人来说，一开始你会觉得本来生活都很忙了，没工夫觉察。我一开始也没有工夫，在机缘巧合下开始六时觉察，没想到竟然改变了我和孩子的关系。

如何进行六时觉察呢?

1.有具体的目标

最好在三个月之内能达成，带孩子践行的时候可以设定为“考到90分以上”或者“买一个玩具”。

2.有确定的衡量标准

(1)保护生命;

(2)慷慨大度;

(3)尊重他人关系;

(4)诚实的言语;

(5)促进人们和谐的言语;

(6)多说友善柔和的言语;

(7)传播有意义的言语;

(8)为他人的所得开心;

(9)同情他人的不幸;

(10)维持正确的世界观(明白“笔”的道理和“杯”的概念)。

我们可以用这10项作为衡量自己身语意的标准，做到了就写一个加号，没做到就写一个减号。记录不是为了让我们自责，而是为了让我们觉察和改变。

所以对于我们没做到的事情，我们可以把想要改变的计划写下来，行动即可。这也是我们的自我检视表。

3.推荐记录时间

7：00早餐前后

10：00早餐午餐之间

12：00午餐前后

16：00午餐晚餐之间

19：00晚餐前后

21：00睡觉前

六时觉察记录：

每晚睡前总结一天中最好的三件事，以及待改进的三件事。这样的记录，我不仅自己在践行，也带着孩子们在践行。自己践行的时候就去写六时觉察记录，带着孩子写记录的时候，会用更简单的版本帮助他们简化。简化版本就是以目标为主，从中提炼出今天最值得记录的三件事。以下是灿灿的记录。

2023年8月4日

目标：买显微镜，12月30日前完成

1.种子：陪朋友聊天，倾听他们说话（尊重他人）

2.种子：跟哥哥打篮球（保护健康）

3.种子：借给同学一支笔（慷慨大度）

1.感恩：司机送我去超级指挥官

2.感恩：哥哥陪我玩

3.感恩：奶奶给我做饭

记录自己的意识，就像在匆忙赶路的时候停下脚步，用全新的眼光看待眼前的一切。心有猛虎，细嗅蔷薇。坚持记录，你会发现很多不可思议的事情正在发生。

【分享时刻】

待办清单

先停下来，做几次深呼吸。当你检查你的待办清单时，注意你身体里发生了什么。

· 心里是否有七上八下的焦虑感？

· 你的肩膀紧张吗？

· 是否倍感压力？

· 或者你已经为这一天构建了一个合理的清单，你的身体和大脑都感到放松，你为之振奋。

这种暂停和觉察使我们能够优先考虑必须做的事情，对那些非必要的事情放手。在完成清单上的待办事项之前，问问自己，是否每一项任务都是当天的真正需求。

如果我们总是在待办事项中疯狂奔波，正念生活就会是一个很大的挑战。如果可能的话，把一些事情放在不同的时间类别里，或者把一些项目完全从列表中拿出来，这样就可以在一天里拥有更多的空间，从而以一种更稳定、更有意识的节奏来进行。

每天都这样做，坚持一个星期，看看你的待办事项完成了多少，你又带着多少意识与觉察。必要的时候可以每天进行调整。

第三节

感恩：感恩是构建亲子关系的摩斯密码

感恩能启动积极情绪的向上螺旋。

我们爱孩子的心是与生俱来的，可是，爱是什么？爱从最底层驱动着人类发展，对爱的思考也成为人类哲思演变过程中的一根金线，始终贯穿在先贤智者最高的智力思考中。

先贤们强调：为了获得一种终极的智慧和幸福，一定要深度理解一个非常重要的概念，这个概念就是爱。爱不仅是一种情绪、一种感受，更是一种可以练习的行为。

当爱从名词转变为动词，才能真正触达心灵。普林斯顿大学有这样一个理念：有一个学期学生们必须去健身房训练，每一次结束之前，老师会要求他们增加一些重量，用这种方法来一点点增加训练的难度，促使他们提高体能。爱的训练也可以这样，那么，如何进行爱的训练呢？我们可以从练习感恩开始。这里说的“感恩”不是要求孩子感恩我们，而是从我们感恩孩子开始。通过感恩来训练自己对爱不同层次的觉察。

第一层次的感恩：“不感恩”。

欣赏孩子原本的样子应该是一件自然且显而易见的事，但令人惊讶的是，大多数家长在这方面的表现都非常糟糕。不管哪个年龄层的孩子都希望获得父母的认可，对他们来说，这是很棒的礼物。但我们已经习惯了看到孩子做得不对的地方，经常开口就是教训，发挥着父母的权威，却很少看到孩子优秀的地方，并表示感恩。

第二层次的感恩：感恩家庭。

没做父母时很难理解父母的养育之恩，但当我们成为父母之后会发现养育这件事情，需要付出很多的时间、精力、金钱，还有心力。孩子让我们发现爱一个人原来如此美妙，想要探索爱的更宏大的主题。

当你成为觉醒式父母时，你就会把焦点从盯着孩子的行为上面转移到自我的提升上，学习提升自己的能量和能力，学会向内探索，看到自己内在的恐惧，看到自己的匮乏和原生家庭的匮乏。

因为想学会正确地爱孩子，所以爱赋予你直面恐惧的勇气和希望，让你心里升起力量，发现我本具足的能量，给到自己能量，并且能够把爱回流到父母身上，进而感恩父母，感恩家庭。

第三层次的感恩：感恩镜子。

所谓种瓜得瓜，种豆得豆，你是什么样的人，就会培养出什么样的孩子。在这里，和大家分享一下王阳明的故事。

有一年春天，王阳明和他的朋友到山间游玩。朋友指着岩石间一朵花对王阳明说："你经常说，心外无理，心外无物，天下一切物都在你心中，受你心的控制。你看这朵花，在山间自开自落，你的心能控制它吗？难道你的心让它开，它才开的？你的心让它落，它才落的？"

王阳明的回答很有意思。"你没有看这朵花时，这花就和你的心一样是寂然，像是没有存在过一样。当你来看它时，它的颜色才在这时明明白白地展示在你的面前，这样便知道这朵花并不是独立于你的意识而存在的。"

一种东西，你看见它，才有意义。换句话来说：万事万物都在你心里，你看见的，才是你的世界。所以感恩孩子，让我们看见我们自己创造的世界。这一层的感恩也叫"因果的感恩"，就看你往人生的花园里种什么样的种子了。

第四层次的感恩：感恩万物。

感恩大自然创造万物，这会让你的心更富足。所以我们要感恩大地、感恩空气、感恩火、感恩水……感恩万物。

荷玉每天坚持记录10件感恩的事，这个习惯悄悄影响了至少200位家长。她的“感恩十福”引起了许多人的共鸣。无论是对大自然的树木、清水，还是日常生活中的米饭，她都怀有一颗感恩的心。她对孩子、对丈夫的感激，都是出自真心。在她的影响下，许多人开始学会感恩——对身边的一切表达真挚的谢意。

她的21岁孩子陈飞扬更是如此，在妈妈持续践行下，他也体验了深刻的情感转变。以前，因为父母分开，他心里虽然非常渴望母亲的爱，却总是把自己封闭起来，很少向母亲表达爱意。

但在“金刚少年”的课程中，他作为最大的哥哥，虽本来是以助教的身份参与，却意外地从中获得了巨大的帮助。他是第一个上去表达对妈妈的爱的，他一边讲一边哭，说以前他不能理解爸爸妈妈为什么分开，因为自己跟着爸爸，妹妹跟着妈妈，所以觉得妈妈是比较爱妹妹的。

通过上“金刚少年”课程之后，他说这辈子都要感恩父母，母亲的恩情这一辈子都还不完。他说妈妈只要给妹妹买东西，也会给他买。他很渴望妈妈在他身边，为了多看到妈妈，所以才来当义工（妈妈也是“金刚少年”导师团队的一员）。

他说能偷偷看到妈妈，就很开心。他看到妈妈头顶的白发，觉得妈妈老了很多，所以他说以前是渴望妈妈陪伴他，现在是他有时间了，想多陪陪妈妈，“金刚少年”下次举办活动时他还要来当义工。他的妈妈荷玉和妹妹听到后感动不已，抱在一起泪流不止。

陈飞扬在“金刚少年”现场向妈妈表达爱

陈飞扬现场给妈妈洗脚的画面

孩子每一次的行为触发我们的情绪，都是提醒我们要学会正确地爱。孩子是我们身边的觉醒者，陪伴着我们成长。当我们越来越感恩孩子，孩子也会像我们一样，学会感恩他人。

感恩能启动积极情绪的向上螺旋。感恩之心能够唤醒孩子身上所有的美好，这是一种可以不断提升的能力。当我们在养育过程中受挫时，我们换种方式，用感恩的心态去看见孩子，从而去看见自己，这样就容易在困难中找到解决问题的出路。

【觉察时刻】

每日三恩

在睡觉前写下每日三恩：

1.感恩每一件事情的发生；

2.感恩生命中的每一个人；

3.感恩自己做的每一件事情。

第四节

接纳：向内走，安顿自己

世界是相反的。其实，真实胜过完美，一旦我们懂得什么是真实，如何接受自己的真实，如何跟自己真实地在一起，就会深刻地感知到真实是比完美更好的东西。

——《感谢自己的不完美》

真正的挑战常常发生在日常的小事中，比如让孩子去洗澡，催孩子写作业，孩子生病让他去吃药等，这些琐碎的小事最能消耗我们的心力。我们多么希望孩子能够静下来，听从我们的安排，完成他该做的事。这样一来，很多“浪费”在他身上的时间就是我们自己的了。可是孩子有自己的想法，你每提出一个要求，他总会有一堆的理由来拒绝，让你只想冲他大吼大叫。

如果不加以觉察，我们容易被情绪所控制。孩子发脾气时，我们也跟着生气，双方都在试图用更大的声音压倒对方。我们以为使用权威可以让孩子屈服，结果并不尽如人意。

我们往往忽略了真正接纳的含义。

如何做到接纳呢？真正的接纳包含着悖论。你接纳了孩子的愤怒，他才有可能平和；你接纳了孩子的悲伤，他才有可能喜悦；你接纳了孩子的自由，他才有可能知道什么叫规矩。

可我们却经常告诉孩子不能愤怒、不能悲伤，必须讲规矩，要听话。这些做法反而影响孩子获得自由、喜悦和平和，所以这是一个改变的悖论。先接受，然后自然而然地发生改变。

我们和孩子之间的互动不应该是能量的冲突，而是寻找平衡。

因此，如果孩子不想洗澡，我们可以通过有趣的玩具吸引他，让洗澡成为一种乐趣；如果孩子不愿写作业，我们可以让他先放松一会儿，再慢慢引导；如果孩子拒绝吃药，我们可以等他情绪平稳后再温柔劝导。

将孩子的每一次抗拒视为我们学习自我调节的机会，帮助我们实现内心的平衡。这虽然是一个挑战，但也是一个机会，让我们在减少心力流失的同时，成长为更好的自己。

该如何自我调节呢？

1.正觉："心累"就不对

在亲子关系中，如果你经常感到心力交瘁，这往往是使用了错误方法的信号。可能是因为企图控制对方，或感到过度的委屈和牺牲。

感到"心累"其实是一种提醒，提示我们应该更多地关注自己的内心世界，审视与孩子的关系中存在的问题。这通常意味着我们需要学会放手，让彼此都可以做真正的自己，同时，将注意力集中到自身上。

我们往往因为无法接受自己和孩子的不完美，对自己和孩子要求过高，从而感到身心俱疲。实际上，接纳一个完整的自我，比追求一个所谓的完美自己来得更加重要。

2.正知：减少无谓的消耗

乔布斯只穿一种黑色套头衫和牛仔裤，不是因为他觉得这样酷，而是为了给大家留下一种一致性的印象，更重要的是他认为这样做可以最大程度地节省他的心力。

乔布斯知道，人的心力是有限的，每用一次就耗费一次。如果你一觉醒来，睁开眼睛就先想穿什么，吃什么，再考虑哪条路上班近、不堵车等，每件事情会在不知不觉间消耗着你的心力。

等你到了工作岗位真正投入工作中的时候，你的心力也许已经消耗很多了。

乔布斯拒绝这种无谓的消耗，所以他不仅在产品发布会上，在几乎其他所有场合都穿着同样的衣服。

在亲子关系中，也有很多无谓的消耗，我们需要去觉察并且不断去减少它们。

3.正念：正念是心力配置的最佳状态

麻省理工学院的分子生物学博士卡巴金，提出“正念减压”的理念。“正念”的真正含义其实就是一种专注力，就是要排除一切杂念，这是一种境界。卡巴金强调，一个人如果处于正念的状态，就意味着他集中心力专注于一件事，而不是做着这一件事，又想另外一件事。

我们和孩子每天被各种电子产品包围，很难保证心力专注于一件事情上。面对这样的情况，请你先觉察以下三个方面。

（1）请你留意一下，你有多少时间是处于一种专注状态的？让你处于这种状态的事情是不是很有意义？

（2）孩子有多少时间是处于一种专注状态的？当他专注的时候，他都在干些什么？他的表情是怎样的？他会说些什么？

（3）觉察自己是否打断了孩子专注的状态？孩子被打断，他的感受如何？他说了些什么，他希望怎样？

通过觉察，找出自己和孩子不专注的关键，进而帮助自己或孩子进行改变。

【分享时刻】

心湖冥想

邀请自己最尊贵的客人——你自己，端坐，调整呼吸，在呼吸中放松双肩，双手自然垂落，手心向上或者向下。当你准备好的时候，可以微微闭上眼睛，一起做三个深长的呼吸。

让我们吸气。再来一次，在沉稳匀称的呼吸中，去觉知自己坐着的身体，感受身体舒展着、呼吸着。

觉察你的整个身体，在自己准备好的时候，在内在的视野中邀请一面湖的臆想来临，这面湖是你心中最美的湖。

它也许是你熟悉的地方，是你去过的一面湖，也许来自画报或者你心底。觉察你的呼吸，觉察呼吸着的身体，允许这面湖在你内在的视野中渐渐地显化，慢慢清晰，去看看你心中的湖。

这面湖有宽广的水域，它可蓝可绿，或深或浅，它的四周也许有绿树环抱，也许有群山拱卫。无论这面湖的外形是怎样的，你都端正坦然地坐在这里，带着自己的臆想呼吸着。

在你准备好的时候，邀请自己在下一个呼吸里将湖的意象带入你坐在这里的身体，让我们去感受湖水的清凉、润泽，在呼吸中就像溅了湖水那样，有你清醒的意识、开阔的心胸。

在呼吸中一点一点邀请自己成为一面呼吸着的湖。深邃、安然、壮美，超越一切语言和思维。坐在这里和湖一起去迎接一切的变化，看着太阳划过天际，看着白昼变成黑夜，在白天湖水上倒映着日光的斑斓，在夜里湖面倒映着月亮和星空。

湖每天都在变化着，你也在变化着，而湖有一个本质是一直不变的，你也如此。

湖在不同天气中变化着，天气晴好的时候，湖面倒映着艳阳以及飞过的飞鸟。而风来了、雨来了，风雨交加时，湖面不再平静，不再清澈，湖水拍打着湖岸，像不像我们的心？去觉察这些臆想所带来的感受和身体的体验。

去觉察这些臆想所带来的内心的感受和身体的感受，去觉察内在的涟漪和我们内心的感受一样，起起落落，来来回回。

斗转星移，湖也在四季变化着。夏季湖面开满了荷花，秋季湖面倒映着天色，冬季白雪覆盖，而来年入春之时，湖又再次成为一池春水。我们的心湖也一样，经历着自己内在的季节。

我们拥有属于自己的光明和黑暗，春日和严冬。我们心中也如湖边一样有鲜花烂漫，有白雪覆盖，去连接湖面，也去连接湖面之下深深的宁静的湖水。

你会发现，湖在一天中、一年中不同的季节中都变化着，就像我们的心一样，可是湖有一个部分一直安然地包容着所有的变化，也像我们的心一样。

再一次觉察你坐在这里呼吸的身体，再一次邀请自己连接自己内心的心湖。在这面湖中，有日月星辰，有树影沙石，有寒来暑往，充满变化，充满活力，也充满着希望。在每时每刻，也在此时此刻。

在此刻，再做一次深长的呼吸。伴随着吸气，邀请自己再次落座于内心的盛宴，再一次探访你内在的空间。

看见原野，成为湖泊，寻访蓝洞也等待灯塔，邀请自己的湖边出现一抹微笑，也邀请这抹微笑蔓延至你的整个面庞，蔓延至你的胸口、全身，在这抹微笑中与世界连接，也在这抹微笑中去听身边所有的正音，听声音和声音之间的起落。

你微闭着双眼，但是你仍然可以感觉透过眼皮的光影变化，也可以经由呼吸接纳当下所有的气息。在这个内在空间里发现自己与数千人同坐，与数千人共同呼吸着。安然地坐着，与你最尊贵的客人同坐，稍坐片刻，直到你听到铃声为止。

	日期		目标		动机	
	5 月 20 日		3 个月内收获和谐家庭关系		影响更多父母和孩子的关系变得更和谐友爱	
时间	7:00	10:00	12:00	16:00	19:00	21:00
自我检视	保护生命	慷慨大度	尊重他人	亲和的言语	和谐的言语	正确的世界观
+	早上起床给孩子做了健康营养食品	今天给父母发了红包，捐赠了 200 元做公益	中午孩子说要吃麦当劳，我尊重他的选择	孩子打电话说作业忘记拿了，我轻声细语跟他说话	朋友和她老公吵架了，我不断给她安慰和陪伴	给朋友分享智慧，帮助她学会转念情绪
−	觉察到前天对孩子有指责	觉察到一个月前抱怨老公对我不大方	觉察到孩子昨天写作业很拖拉，我很不耐烦	觉察到自己以前不感恩，抱怨父母	觉察到以前嫉妒他人	觉察到昨天骂了孩子
改进计划	3 天内做到允许他人做自己，不指责他人	一周内用心理解对方	3 天内耐心地倾听	30 天内每天感恩一个人	100 天内每天随喜一个人	3 天内对身边的人亲和地说话
	15 分钟冥想		45 分钟瑜伽		15 分钟咖啡冥想	
今天做的最好的事情			主动给朋友分享智慧，让她变得更幸福			
今天值得改进的事情			约了朋友迟到了，觉察到拖延，明天做到高效			
今日体会			“今日事，今日毕”，给孩子做好榜样			